TABELLE

	kJ	kcal
Kamm	904	**216**
Keule (Rouladen)	1289	**308**
Lende (Roastbeef)	1594	**381**
Ochsenschwanz, 100 g	770	**184**
Tatar (Schabefleisch), 100 g	494	**118**

Schwein:

	kJ	kcal
Bauch	2824	**675**
Braten, sehr mager	778	**186**
Filet	1105	**264**
Haxe (Eisbein)	1804	**431**
Kamm	2310	**552**
Kasseler (Kasseler Rippenspeer)	1708	**408**
Keule	2272	**543**
Kotelett	2247	**537**
Mett, 100 g	1418	**339**
Schnitzel	1054	**252**
Schulter	2481	**593**
Hackfleisch, gemischt, 100 g	1213	**290**

Wild, Geflügel:
(jeweils 100 g Rohgewicht)

	kJ	kcal
Ente	1017	**243**
Fasan	598	**143**
Gans	1523	**364**
Hähnchen	603	**144**
Hase	519	**124**
Hirschkeule	515	**123**
Rebhuhn	469	**112**
Rehkeule	444	**106**
Suppenhuhn	1075	**257**
Truthahn (Puter)	962	**230**
Wildgeflügel, i. D.	452	**108**
Wildschweinkeule	473	**113**

Innereien:
(jeweils 125 g Rohgewicht = 1 Portion, wenn nicht anders angegeben)

	kJ	kcal
Bries	565	**135**
Herz, i. D.	623	**149**
Hirn, i. D.	636	**152**
Kutteln (Kaldaunen)	502	**120**
Leber, i. D.	753	**180**
Lunge, i. D.	527	**126**
Niere (Kalb)	722	**173**
Niere (Rind und Schwein)	649	**155**
Rindermark, 100 g	3075	**735**
Zunge (Kalb)	669	**160**
Zunge (Rind)	1168	**279**
Zunge (Rind, gepökelt)	1360	**325**
Zunge (Schwein)	1256	**300**

Fleisch- und Wurstwaren:
(jeweils 100 g, wenn nicht anders angegeben)

	kJ	kcal
Blutwurst (Rotwurst)	1891	**452**
Bockwurst, 1 Stück = 100 g	1159	**277**
Bratwurst (Kalb), 1 Stück = 150 g	2154	**515**
Bratwurst (Schwein), 1 Stück = 150 g	2285	**546**
Bündner Fleisch	1105	**264**
Cervelatwurst	2025	**484**
Corned beef, amerikanisches	941	**225**
Corned beef, deutsches	640	**153**
Dosenwürstchen, i. D.	954	**228**
Fleischwurst	1314	**314**
Frankfurter Würstchen, 1 Paar = 125 g	1339	**320**
Gelbwurst (Hirnwurst)	1431	**342**
Kaiserfleisch (Schwein)	1113	**266**
Kalbsleberwurst	1109	**265**
Katenrauchwurst	2121	**507**
Leberkäse	1134	**271**
Leberpastete	1314	**314**
Leberwurst	1883	**450**
Luncheon Meat (Frühstücksfleisch)	1230	**294**
Mettwurst	2138	**511**
Mortadella	1444	**345**
Rindersaftschinken	557	**133**
Salami, deutsche	2301	**550**
Salami, italienische	2343	**560**
Schinken, gekocht	1180	**282**
Schinken, roh	1653	**395**
Schinkenwurst	1013	**242**
Schwartenmagen	1038	**248**
Speck, durchwachsen	2753	**658**
Speck, fett	3577	**855**
Teewurst	2218	**530**
Weißwürste, 1 Paar = 125 g	1335	**319**
Wiener Würstchen, 1 Paar = 80 g	883	**211**
Zunge in Aspik (Schwein)	699	**167**
Zungenwurst	900	**215**

Fisch

Fische, frisch:
(jeweils 200 g Rohgewicht ohne Haut und Gräten = 1 Portion)

	kJ	kcal
Aal (Flußaal)	2502	**598**
Barsch	678	**162**
Felchen (Renke)	837	**200**
Flunder	603	**144**
Forelle	870	**208**
Hecht	686	**164**
Heilbutt	1096	**262**
Hering	1859	**444**
Kabeljau (Dorsch)	653	**156**
Karpfen	1046	**250**
Lachs	1690	**404**
Makrele	1615	**386**
Rotbarsch (Goldbarsch)	937	**224**
Schellfisch	669	**160**
Scholle	695	**166**
Seehecht	644	**154**
Seelachs (Köhler)	736	**176**
Seezunge	753	**180**
Steinbutt	686	**164**
Thunfisch	1239	**296**
Tintenfisch	569	**136**
Zander	720	**172**

Fische, geräuchert oder eingelegt:
(jeweils 100 g, wenn nicht anders angegeben)

	kJ	kcal
Aal (Flußaal)	1410	**337**
Bismarckhering	895	**214**
Bückling	971	**232**
Flunder	460	**110**
Heilbutt	996	**238**
Lachs	711	**170**
Makrele	996	**238**
Matjeshering	1117	**267**
Rollmops, 1 Stück = 50 g	460	**110**
Rotbarsch	657	**157**
Salzhering (Pökelhering)	912	**218**
Sardellenfilet, 1 Stück = 5 g	63	**15**
Schellfisch	427	**102**
Schillerlocken	1264	**302**
Sprotten (Kieler Sprotten)	640	**153**

Fischkonserven:

	kJ	kcal
Brathering, 500 g	4500	**1075**
Hering in Gelee, 100 g	686	**164**
Heringsfilet in Tomatensoße, 200 g	1817	**434**
Kaviarersatz, 100 g	527	**126**
Ölsardinen, 125 g	1590	**380**
Seelachs in Öl, 100 g	628	**150**
Thunfisch in Öl, 200 g	2545	**608**

Krusten- und Schalentiere

(jeweils 100 g ausgelöstes Fleisch, wenn nicht anders angegeben)

	kJ	kcal
Austern, 6 Stück	502	**120**
Crab Meat, i. Ds., 150 g	527	**126**
Garnelen	431	**103**
Hummer	343	**82**
Miesmuscheln	301	**72**
Scampi	335	**80**
Schnecken	347	**83**
Shrimps	310	**74**

Kochen mit Früchten

burda

Kochen mit Früchten

Über 250 Rezepte, über 100 Farbfotos, Kalorientabelle

Raffinierter kochen mit Früchten aus aller Welt

Das Kochen und Backen mit Obst ist interessanter und abwechslungsreicher, als man auf den ersten Blick annimmt, denn es beschränkt sich keineswegs nur auf die Zubereitung von Obstkuchen, Fruchtsalaten und Garnituren für Currygerichte. Mit Früchten läßt sich – mit etwas Mut und Fantasie – eigentlich alles kombinieren, was wir in unserer Alltags- und auch in der Festtagsküche verwenden: Eier, Fisch, Fleisch, Wild, Geflügel, Salat, Gemüse. Es entstehen neue interessante Kompositionen für Suppen, Vorspeisen, Zwischen- und Hauptgerichte, für Desserts und natürlich auch für Kuchen und Gebäck, mit denen man den Küchenzettel rund ums Jahr vielfältig variieren kann.

Kulinarisch gesehen ist die Welt in den letzten Jahren immer enger zusammengerückt. Reisen ins nahe und ferne Ausland haben uns mit vielen neuen Küchen vertraut gemacht, und dank moderner Transportmittel und züchterischem Bemühen um haltbarere Früchte können wir heute das ganze Jahr über auf ein Frischobstangebot zurückgreifen, das unsere Mütter und Großmütter, wenn überhaupt, dann nur vom Hörensagen kannten. Aber ebenso reizvoll, wie mit köstlichen exotischen Früchten sozusagen auf Weltreise zu gehen, ist es, das heimische Obst in seiner vielfältigen Verwendungsmöglichkeit auszuprobieren und dabei noch das eine oder andere neu zu entdecken.

INHALT

SUPPEN UND KALTSCHALEN
Seite 8–23

SALATE
Seite 24–41

FLEISCH- UND FISCHGERICHTE
Seite 42–67

SÜSSE HAUPTGERICHTE
Seite 68–87

DESSERTS
Seite 88–113

KUCHEN, TORTEN, GEBÄCK
Seite 114–129

ZUM NACHSCHLAGEN
Einheimische Obstsorten
Seite 130–135

Exotische Früchte
Seite 136–141

Rezeptregister
Seite 142/143

Suppen und Kaltschalen

mit besonderem Pfiff

sind die süßen Überraschungen
für kleine und große Schlemmer

Kirschsuppe mit Baisers
Rezept nächste Seite

Kirschsuppe mit Baisers

(Foto Seite 8/9)

4 Portionen à ca. 1500 kJ (360 kcal)

*300 g dunkle Sauerkirschen,
300 g dunkle Süßkirschen, 1 Vanilleschote,
1 Zimtstange, 4 Gewürznelken,
Schale einer halben unbehandelten Zitrone,
1 l Wasser, 225 g Zucker,
1/8 l Rotwein, 30 g Tapioka (Perlsago),
2 Eiweiß, 2 Päckchen Vanille-
zucker, 1 Msp. gemahlene Nelken.*

Kirschen waschen, abtropfen lassen, entstielen und über einer Schüssel entsteinen. Kerne und den abgelaufenen Saft zusammen mit der aufgeschnittenen Vanilleschote, der zweimal gebrochenen Zimtstange und den Gewürznelken in einen Topf geben. Die Zitronenschale und das Wasser zufügen und alles bei nicht zu starker Hitze langsam zum Kochen bringen und 10 Minuten sanft köcheln lassen. Dann durch ein Sieb gießen, die Kirschen hineingeben, aufkochen und 5 Minuten köcheln lassen.
Dann erst 150 g Zucker, den Rotwein und das Tapioka einrühren, bis kurz vorm Kochen erhitzen und das Tapioka langsam ausquellen lassen. Die Suppe im Topf in einem kalten Wasserbad abkühlen lassen, dabei häufig umrühren, damit sich keine Haut bildet. Die Suppe dann in eine Servierschale füllen und in den Kühlschrank stellen, bis sie ganz erkaltet ist.
Während die Suppe abkühlt, die Baisers zubereiten. Dazu den Eischnee steifschlagen. Den restlichen Zucker mit dem Vanillezucker und dem Nelkenpulver mischen, langsam in den Eischnee einrieseln lassen und alles so lange schlagen, bis sich der Zucker ganz aufgelöst hat. Die Masse in einen Spritzbeutel mit kleiner Sterntülle füllen.
Ein Backblech mit Backpapier auslegen und kleine Rosetten daraufspritzen. Das Blech in den kalten Backofen schieben, den Ofen auf 100° (Gas Stufe 1) einstellen, die Baisers in etwa 2 Stunden mehr trocknen als backen lassen.
Einen Teil der Baisers auf die Suppe geben, den Rest getrennt reichen.
Die Kirschsuppe kann an einem heißen Sommertag nach einer großen Salatplatte als Hauptgericht serviert werden. Oder man reicht sie mit Butterbrot als leichte Abendmahlzeit.

Rote Stachelbeersuppe

4 Portionen à ca. 1600 kJ (380 kcal)

*750 g vollreife Stachelbeeren,
Schale einer viertel unbehandelten Zitrone,
1/2 Zimtstange, 4 Gewürznelken,
150 g Zucker, 1/2 l Wasser, 25 g Sago,
3/8 l deutscher Spätburgunder,
100 g Suppenmakronen.*

Stachelbeeren mit einer Küchenschere von Stengelansätzen und Blüten befreien, waschen und abtropfen lassen. Mit Zitronenschale, Zimtstange, Gewürznelken, Zucker und Wasser zum Kochen bringen und zugedeckt bei milder Hitze 10 Minuten kochen lassen. Dann durch ein Haarsieb streichen und wieder aufkochen. Das Sago einstreuen und bei nicht zu starker Hitze in etwa 20 Minuten ausquellen lassen. Dann erst den Spätburgunder unterrühren.
Die Suppe warm oder kalt mit den Suppenmakronen garniert servieren.
Rote Stachelbeersuppe kann mit gebutterten Knäckebrotscheiben als Abendessen an heißen Sommertagen gereicht werden. Sie eignet sich aber auch als Vorsuppe vor einem leichten Fleisch- oder Fischgang oder als Dessert nach einem hellen Braten.

Für Kaltschalen, aber auch warme Obstsuppen, sollten Sie stets nur vollreife Früchte verwenden. Sie haben so viel eigenen Fruchtzucker entwickelt, daß sie nicht mehr zu stark mit Kristallzucker nachgesüßt werden müssen. Das gilt ganz besonders für Früchte, die viel eigene Säure enthalten, wie zum Beispiel Stachelbeeren, Zwetschen, Sauerkirschen und Johannisbeeren.

Obst-Kaltschale „Weiße Dame"

Obst-Kaltschale „Weiße Dame"

4 Portionen à ca. 2095 kJ (500 kcal)

500 g gemischtes Beerenobst (Erdbeeren, Johannisbeeren, Himbeeren, Brombeeren), 250 g Doppelrahmfrischkäse, abgeriebene Schale und Saft einer unbehandelten Zitrone, 20 g gemahlene Mandeln, 5 Eßl. Zucker, 1 Päckchen Vanillezucker, Salz, ½ Teel. Zimt, ½ l Milch.

Beerenobst behutsam waschen, abtropfen lassen, verlesen, Stiele und Stengel entfernen.
Den Doppelrahmfrischkäse in den Mixer füllen, Zitronensaft und -schale, Mandeln, Zucker, Vanillezucker, eine winzige Prise Salz und den Zimt zugeben. Bei Schaltstufe 2 kurz durchschlagen.
Dann ⅔ der Obstmenge in den Mixer füllen. Auf Stufe 3 stellen. Milch in den laufenden Mixer gießen und so lange durchquirlen, bis die Masse schaumig ist. (Oder mit dem Schneidstab des Handrührgeräts arbeiten.) Die Suppe 30 Minuten kalt stellen.
Dann in Teller verteilen und den Rest Beerenobst hineinstreuen.
Dazu schmecken Eiswaffeln oder Löffelbiskuits.

Zitronensuppe mit Schneeklößchen

4 Portionen à ca. 955 kJ (230 kcal)

4 unbehandelte Zitronen, ½ l Wasser, ¼ l trockener Weißwein, 150 g Zucker, 1 Eßl. Speisestärke, 2 Eier, 1 Prise Salz, 1 Päckchen Vanillezucker.

Die Zitronen unter fließendem, lauwarmem Wasser gründlich abbürsten und abtrocknen. Von 3 Früchten die Haut dünn abschälen und mit dem Wasser in einem geschlossenen Topf 10 Minuten kochen lassen.
Den Saft der geschälten Früchte auspressen.
Die Schalen in einem Sieb ablaufen lassen. Das so gewonnene Zitronenwasser mit dem Zitronensaft, dem Wein und 100 g Zucker vermischen und zum Kochen bringen.
Die Speisestärke mit etwas Wasser verquirlen, in die Zitronensuppe rühren und diese noch mal kurz aufkochen lassen. Dann vom Herd nehmen.
Die Eier trennen. Eigelb mit etwas heißer Suppe verquirlen, die übrige Suppe damit legieren.
Die letzte Zitrone in dünne Scheiben schneiden, die Scheiben entkernen, vierteln und in die Suppe geben.
Das Eiweiß mit dem Salz, dem restlichen Zucker und dem Vanillezucker zu ganz steifem Schnee schlagen. Wenn man mit einem Löffel „Spitzen" hochzieht, müssen sie stehenbleiben.
Reichlich Wasser in einem großen Topf sprudelnd aufkochen lassen, den Topf dann vom Herd nehmen. Mit zwei Teelöffeln kleine Klößchen von dem Eischnee abstechen, auf das Wasser gleiten lassen. Den Topf wieder auf den Herd stellen und die Klößchen bei ganz milder Hitze im offenen Topf in 10 Minuten garziehen lassen. Nach 5 Minuten vorsichtig umdrehen. Mit einem Schaumlöffel herausnehmen und auf einem Kuchengitter abtropfen lassen. Die Suppe in eine Terrine füllen und rasch mit den warmen Klößchen bedeckt servieren.
Die Zitronensuppe kann auch kalt als Dessert gereicht werden, ist dann jedoch für 6 bis 8 Personen ausreichend.

Kalte Apfel-Ananas-Suppe

4 Portionen à ca. 1455 kJ (350 kcal)

½ l starker Tee, 500 g säuerliche Äpfel, ½ frische Ananas (ca. 400 g), 1 unbehandelte Limette oder kleine Zitrone, 40 g brauner Kandiszucker, ½ Zimtstange, 2 Gewürznelken, ½ Teel. Korianderkörner, 1 Becher süße Sahne (200 g), 8 cl Calvados oder Cognac.

Den Tee ganz frisch aufbrühen und nur 3 Minuten ziehen lassen.
Die gewaschenen Äpfel und die Ananas schälen. Die Äpfel vierteln, von Blüten, Stengelansätzen und Kerngehäusen befreien. Aus der Ananas mit einem spitzen Messer alle „Augen" herausschneiden, auch den harten Mittelkern entfernen.
Die Limette oder Zitrone unter fließendem lauwarmem Wasser abbürsten, längs und quer vierteln und entkernen.
Alle Früchte in einen Mixer geben und fein pürieren, oder mit dem Schneidstab des Handrührgeräts arbeiten.
Mit dem Tee, dem Kandiszucker und den Gewürzen mischen und langsam erhitzen, bis sich der Zucker ganz aufgelöst hat. Dann zuerst in einem kalten Wasserbad, anschließend im Kühlschrank erkalten lassen. Bevor die Suppe in den Kühlschrank gestellt wird, sollte man sie durch ein Sieb streichen, um die Gewürze zu entfernen.
Die Sahne ganz steif schlagen. Etwa die Hälfte in einen Spritzbeutel mit Sterntülle füllen, die restliche Sahne zusammen mit dem Calvados oder Cognac unter die Suppe ziehen. In Suppentassen füllen und die Suppe mit Sahnerosetten garnieren.
Dazu nicht zu süße Plätzchen servieren.
Hinweis: Apfel-Ananas-Suppe schmeckt an kalten Wintertagen auch heiß sehr gut. Man kocht die Mischung aus Früchtepüree, Tee und Zucker einmal auf und bindet sie mit etwas Speisestärke. Dann kann man statt der kalorienreichen Schlagsahne auch kleine Eischneeklößchen zu der Suppe servieren, die man entweder auf der Suppe oder auf leise siedendem Wasser garziehen läßt. Die heiße Suppe ebenfalls mit Calvados oder mit Rum kräftig würzen.

Pfirsich-Aprikosen-Kaltschale

Pfirsich-Aprikosen-Kaltschale

4 Portionen à ca. 1605 kJ (380 kcal)

400 g vollreife Pfirsiche, 400 g reife Aprikosen, 100 g Zucker, 1 Eßl. Vanillezucker, 1 Zitrone, ½ l Wasser, 1 Eßl. Speisestärke, ¼ l trockener Weißwein, ⅛ l süße Sahne, 3 Eßl. Orangenlikör (Grand Marnier, Cointreau).

Pfirsiche und Aprikosen mit kochendem Wasser überbrühen, kalt abschrecken und häuten. Dann halbieren und entsteinen. 4 Aprikosenhälften und 2 Pfirsichhälften in dünne Schnitze schneiden und mit Folie bedeckt in den Kühlschrank stellen. Die übrigen Früchte mit 50 g Zucker und dem Vanillezucker im Mixer pürieren. Dann ebenfalls kalt stellen.
Die Zitrone unter fließendem kalten Wasser abbürsten, dünn schälen, dann auspressen.
Das Wasser mit dem restlichen Zucker und der Zitronenschale aufkochen. Die Speisestärke mit etwas Wasser anrühren und das Wasser damit binden. Vom Herd nehmen, mit dem Wein vermischen, in eine Schüssel geben und im kalten Wasserbad abkühlen lassen. Dabei häufig umrühren, damit sich keine Haut bildet.
Dann die Zitronenschale herausnehmen. Das Früchtepüree unterrühren und alles im Kühlschrank kalt werden lassen.

Unmittelbar vor dem Servieren die Sahne steifschlagen, mit Orangenlikör „parfümieren“ und in einen Spritzbeutel mit Sterntülle füllen.
Die Kaltschale in Teller füllen, mit Sahnetupfen, Pfirsich- und Aprikosenschnitzen garnieren.
Die Suppe als Hauptgericht mit Zwieback, als Dessert mit dünnem Mandelgebäck servieren.

Cidre-Kaltschale

4 Portionen à ca. 980 kJ (235 kcal)

½ l Cidre (Apfelwein), 100 g Zucker, 1 Stück Stangenzimt (2 cm), 500 g feste Äpfel, 2 Eßl. Speisestärke, 250 g gemischte Beeren (Erdbeeren, Johannisbeeren, Himbeeren, Brombeeren), ⅛ l frisch gepreßter Orangensaft, 2 Eßl. Zitronensaft.

Apfelwein (Cidre) mit Zucker und Stangenzimt langsam erhitzen. Bei mittelstarker Hitze 3 bis 5 Minuten köcheln lassen.
Die Äpfel schälen, achteln, Stengelansätze, Blüten und Kerngehäuse ausschneiden. Apfelspalten in den heißen Wein geben, den Topf zudecken. Die Äpfel bei geringer Hitze halbweich dünsten.
Speisestärke mit etwas kaltem Wasser glattrühren und die Suppe damit binden.
Alle Beeren vorsichtig waschen, abtropfen lassen und von Stengeln und Stielen befreien. Große Erdbeeren halbieren. Das vorbereitete

Cidre-Kaltschale

Obst in der Suppe 3 Minuten ziehen, nicht kochen lassen. Dann soviel Orangensaft zugießen, daß die Flüssigkeit noch cremig bleibt. Mit Zitronensaft abschmecken und die Suppe zuerst im Wasserbad, dann im Kühlschrank erkalten lassen.
Dazu Zimt- oder Kokoszwiebäcke servieren.

Grenadine-Kaltschale

4 Portionen à ca. 920 kJ (220 kcal)

4 Granatäpfel (siehe auch Seite 136–141), ⅛ l Wasser, 1 Teel. Speisestärke, ½ l Rotwein, Grenadinesirup, je 1 Prise gemahlene Nelken und Ingwer, 1 kleiner Becher süße Sahne (100 g), 1 Teel. Vanillezucker.

In 3 Granatäpfel Löcher bohren und den Saft herausdrücken. Oder die Granatäpfel halbieren, mit einem Löffel das Innere herausheben und durch ein Sieb ablaufen lassen. Die Kerne dabei kräftig ausdrücken. Den Saft mit Wasser mischen und zum Kochen bringen.
Die Speisestärke mit etwas Wasser glattrühren und in den Saft rühren. Noch mal aufkochen lassen, dann zum Abkühlen in ein kaltes Wasserbad stellen.
Mit Rotwein vermischen, mit Grenadinesirup, Nelken und Ingwer abschmecken.
Die Kaltschale im Kühlschrank ganz erkalten lassen.
Unmittelbar vor dem Servieren die Sahne mit dem Vanillezucker steifschlagen und in einen Spritzbeutel mit Sterntülle füllen.
Den vierten Granatapfel halbieren und die Kerne auslösen.
Die Kaltschale in vier Suppentassen füllen, mit den Kernen bestreuen und mit Sahnetupfern garnieren.
Dazu zartes Mandelgebäck reichen.
Hinweis: Gerade diese Kaltschale eignet sich wegen ihres bittersüßen Geschmacks auch sehr gut als Dessert. Man kann dann sogar einen lieblichen Sekt dazu reichen.
Variation: Wenn Ihnen 4 Granatäpfel für diese Kaltschale zu kostspielig sind, können Sie auch nur Granatapfelsirup (Grenadinesirup) mit Wasser und Wein als Grundlage verwenden. Dann sind nur die Kerne von einem Granatapfel zum Garnieren notwendig.

Kiwi-Kaltschale

4 Portionen à ca. 1210 kJ (290 kcal)

½ l Apfelsaft, 40 g Zucker, ½ Zimtstange, 2 Gewürznelken, Schale einer halben unbehandelten Zitrone, 1 Eßl. Speisestärke, ¼ l lieblicher Weißwein, 5 Kiwis (siehe auch Seite 136–141), ⅛ l süße Sahne, einige Minzblättchen zum Garnieren.

Apfelsaft mit Zucker, Zimtstange, Nelken und Zitrone langsam zum Kochen bringen.
Die Speisestärke mit etwas Wasser glattrühren, den Apfelsaft damit binden, einmal kurz aufkochen, dann zum Abkühlen in ein kaltes Wasserbad stellen. Nun erst den Wein einrühren.
Die Kiwis schälen. Aus 4 Früchten jeweils in der Mitte 2 Scheiben herausschneiden, in Folie gewickelt in den Kühlschrank stellen.
Das übrige Kiwifleisch im Mixer pürieren oder durch ein Sieb streichen. Die Apfel-Wein-Mischung auch durch ein Sieb gießen. Mit dem Kiwipüree verrühren und zum Erkalten in den Kühlschrank stellen.
Erst unmittelbar vor dem Servieren mit der Sahne vermischen und in vier Suppenteller füllen. Mit Kiwischeiben und Minzblättchen garniert servieren.
Die Kaltschale schmeckt sehr gut als Dessert nach einem leichten Fleisch- oder Fischgang. Wird sie als Abendessen oder Imbiß gereicht, schmecken Zwieback mit Butter oder einfache Butterkekse besonders gut dazu.

Weintrauben-Kaltschale

4 Portionen à ca. 1475 kJ (350 kcal)

½ l weißer Traubensaft, 30 g Perlsago, 250 g helle Weintrauben, 3 Nektarinen, ½ l gut gekühlter, lieblicher Weißwein, abgeriebene Schale einer halben unbehandelten Zitrone, 2 cl Weinbrand, Cognac oder Himbeergeist, Himbeersaft nach Belieben, 50 g Suppenmakronen (fertig gekauft).

Traubensaft zum Kochen bringen, Sago einrühren und bei ganz milder Hitze in etwa 20 Minuten

ausquellen lassen. Dann in einem kalten Wasserbad, dem einige Eiswürfel zugefügt wurden, abkühlen lassen. Anschließend zum Erkalten in den Kühlschrank stellen.
Die Weintrauben waschen, abtropfen lassen, mit Haushaltspapier trockentupfen und die Beeren von den Stielen zupfen. Die Beeren halbieren und entkernen.
Nektarinen waschen, abtrocknen, halbieren und entkernen. Das Fruchtfleisch in dünne Schnitze, dann in Würfel schneiden. Zusammen mit den Weinbeeren und dem Wein unter den Traubensaft mischen. Die Kaltschale mit Zitronenschale, Weinbrand, Cognac oder Himbeergeist würzen und nach Belieben mit Himbeersaft süßen. In Teller oder Suppentassen füllen und mit den Suppenmakronen garnieren.
Hinweis: Diese Kaltschale ist für Kinder nicht geeignet. Wird sie als Dessert gereicht, ergibt die angegebene Menge 6 bis 8 Portionen.

Passionsfrucht-Kaltschale

4 Portionen à ca. 1780 kJ (425 kcal)

8 Passionsfrüchte (siehe auch Seite 136–141), 1/8 l Weißwein, 30 g Zucker, 1 Teel. Speisestärke, 1 Becher süße Sahne (200 g), 2 Becher Joghurt (à 175 g), 4 cl Maracujalikör, 1/2 Haushaltspackung Vanilleeis (250 ml), 1 Eßl. gehackte Mandeln oder Haselnüsse.

Passionsfrüchte halbieren, den Saft auspressen, mit Weißwein und Zucker vermischen und zum Kochen bringen.
Die Speisestärke mit etwas Wasser verrühren, in das Passionsfruchtpüree rühren, alles einmal aufkochen lassen, dann zum Abkühlen in ein kaltes Wasserbad stellen. Anschließend im Kühlschrank ganz kalt werden lassen.
Die Sahne steifschlagen. Die Hälfte in einen Spritzbeutel mit Sterntülle füllen, die andere Hälfte mit dem Joghurt und dem Maracujalikör verrühren und unter die Passionsfrucht-Kaltschale ziehen. Die Kaltschale in 4 Teller verteilen.
Das Eis in 8 Würfel schneiden und in die Teller geben. Jede Portion mit einem dicken Sahnetupfer garnieren und mit Mandeln oder Haselnüssen bestreuen.

Hinweis: Die Kaltschale ist verhältnismäßig teuer, darum sollte man sie nur zu besonderen Gelegenheiten servieren, entweder als Teil eines kleinen, festlichen Abendimbisses oder als Dessert nach einem leichten Sommermenü.

Rotwein-Trauben-Kaltschale

4 Portionen à ca. 1160 kJ (275 kcal)

500 g dunkle Weintrauben, 1/2 l badischer Spätburgunder oder Württemberger Trollinger, 1/2 l Wasser, 100 g Zucker, abgeriebene Schale einer halben unbehandelten Zitrone, 1/2 Zimtstange, 4 Gewürznelken, 1 Stück Sternanis, 2 Eßl. Speisestärke, 50 g Suppenmakronen (Fertigprodukt).

Weintrauben waschen, abtropfen lassen oder trockentupfen. Die Beeren von den Stielen zupfen, halbieren und entkernen.
Den Wein mit Wasser, Zucker, Zitronenschale, Zimtstange, Gewürznelken und Sternanis langsam zum Kochen bringen. Dann 10 Minuten ziehen lassen. Zimtstange, Nelken und Sternanis herausnehmen.
Die Weinbeeren in die Flüssigkeit geben und alles wieder zum Kochen bringen.
Die Speisestärke mit etwas Wasser verquirlen und in die Flüssigkeit rühren. Die Suppe einmal aufkochen lassen, dann zuerst im kalten Wasserbad, anschließend im Kühlschrank erkalten lassen.
Die Kaltschale in eine Terrine füllen und mit den Suppenmakronen bestreut servieren.
Die Kaltschale schmeckt an heißen Sommertagen als Abendessen oder mittags als Dessert nach einem leichten Eiergericht oder einer großen Salatplatte.
Ebenso kann man **Rotwein-Kirsch-Kaltschale** oder **Rotwein-Apfel-Kaltschale** zubereiten.

Kirschen-Johannisbeer-Kaltschale mit Geist

4 Portionen à ca. 1650 kJ (395 kcal)

350 g Süßkirschen, 250 g rote Johannisbeeren, 1/4 l Kirschsaft, 1/4 l Johannisbeersaft, 75 g Zucker, 1/2 Stange Zimt, abgeriebene Schale einer unbehandelten Zitrone, 30 g Speisestärke, 6 cl Johannisbeerlikör (Cassis), 1/2 Haushaltspackung Vanilleeiskrem (250 ml).

Kirschen und Johannisbeeren waschen und abtropfen lassen. Die Kirschen entstielen und entsteinen, die Johannisbeeren von den Rispen streifen.
Die Früchte mit dem Obstsaft in einen Topf geben. Zucker, Stangenzimt und abgeriebene Zitronenschale zufügen. Die Flüssigkeit langsam erhitzen und einmal aufkochen lassen.
Speisestärke mit etwas kaltem Wasser glattrühren und in die Suppe rühren. Einmal aufkochen lassen. Dann die Zimtstange entfernen.
Die Suppe zuerst im kalten Wasserbad, dann im Kühlschrank erkalten lassen. Dabei häufig umrühren, damit sich keine Haut bildet.
Vor dem Servieren den Johannisbeerlikör in die Kaltschale rühren.
Die Kaltschale in tiefe Teller füllen und in jede Portion 2 Vanillekugeln oder -würfel geben. Dazu schmeckt zartes Waffelgebäck.
Variation: Besonders kräftig im Aroma wird die Suppe, wenn man den roten Johannisbeersaft durch Saft von dunklen Johannisbeeren oder Holunderbeeren ersetzt.
Hinweis: Wird die Kaltschale für Kinder bereitet, läßt man den Johannisbeerlikör weg und süßt zusätzlich mit etwas Himbeersirup.

Tomaten-Apfel-Kaltschale

4 Portionen à ca. 600 kJ (145 kcal)

600 g vollreife Tomaten, 1 Prise Salz, 50 g Zucker, 500 g säuerliche Äpfel, 1/8 l Weißwein, 1 Prise gemahlener Koriander, einige Minzblättchen, 4 Stengel frisches Basilikum.

Tomaten waschen, vierteln und dabei die grünen Stengelansätze herausschneiden. Die Tomaten mit Salz und der Hälfte des Zuckers in einen Topf geben und zugedeckt bei nicht zu starker Hitze 20 Minuten kochen lassen.
Die Äpfel schälen, vierteln, entkernen, Blüten und Stengelansätze herausschneiden. Die Apfelviertel noch mal längs halbieren, dann in etwa 3 mm dicke Scheiben schneiden. Mit dem restlichen Zucker, dem Weißwein und dem Koriander in einen Topf geben und etwa 5 Minuten kochen. Die Apfelstücke sollen weich, aber nicht zerfallen sein. Vom Herd nehmen und in eine Metallschüssel füllen.
Die Tomaten durch ein Haarsieb streichen und den so gewonnenen Saft mit den Apfelstücken mischen. Die Schüssel in ein kaltes Wasserbad stellen, dem einige Eiswürfel beigegeben wurden, und abkühlen lassen. Dann im Kühlschrank erkalten lassen.
Minze und die abgezupften Basilikumblättchen kurz abspülen, trockentupfen und entweder im Ganzen lassen oder in Streifchen schneiden.
Die Kaltschale in Suppentassen füllen, mit den Kräutern bestreut servieren.
Die Kaltschale schmeckt mit ofenfrischer Baguette und Butter als Vorsuppe oder als leichter Abendimbiß.

Aprikosen-Orangen-Kaltschale

Aprikosen-Orangen-Kaltschale

4 Portionen à ca. 1565 kJ (375 kcal)

500 g vollreife Aprikosen, 1/2 l Wasser, 100 g Zucker, ausgeschabtes Mark einer halben Vanilleschote, abgeriebene Schale einer viertel unbehandelten Zitrone, 2 Eßl. Speisestärke, 1/4 l Orangensaft, 1/4 l trockener Weißwein, 1/8 l süße Sahne, 2 Kiwis, 100 g frische Erdbeeren.

Aprikosen waschen, abtropfen lassen, halbieren und entsteinen. Mit Wasser, Zucker, Vanillemark und Zitronenschale in einem Topf zum Kochen bringen und bei nicht zu starker Hitze 10 Minuten köcheln lassen. Dann durch ein Sieb streichen.
Die Masse wieder aufkochen. Die Speisestärke mit etwas Wasser glattrühren, in die Aprikosensuppe rühren, diese noch mal aufkochen lassen. In eine Schüssel füllen und in einem kalten Wasserbad abkühlen lassen.
Dann erst mit Orangensaft, Weißwein und Sahne gut verrühren und zum Erkalten mindestens 1 Stunde in den Kühlschrank stellen.
Kurz vor dem Servieren die Kiwis schälen und in Scheiben schneiden. Die Scheiben halbieren. Die Erdbeeren waschen, mit Haushaltspapier trockentupfen, von den Stielansätzen befreien und halbieren. Erdbeeren und Kiwis in vier Teller verteilen und mit der Kaltschale bedecken.
Dazu gebutterten Zwieback oder hauchdünne Knäckebrotscheiben servieren.
Hinweis: Es schmeckt sehr gut, wenn Sie die Kaltschale noch mit einem Schuß Apricot Brandy „veredeln".

Melonen-Kaltschale

4 Portionen à ca. 1695 kJ (405 kcal)

1 Honigmelone, 2 reife Pfirsiche, 200 g helle Weintrauben, 200 g dunkle Weintrauben, 2 kleine Äpfel, Saft von 2 Zitronen, Saft von 3 Orangen, 100 g Zucker, 1 Prise gemahlener Ingwer, 1 kleiner Becher Crème fraîche (100 g).

Honigmelone halbieren, das weiche Fruchtfleisch mit den Kernen herausschaben. Die Melone dann in dünne Streifen schneiden, das feste Fruchtfleisch ablösen und würfeln.
Die Pfirsiche mit kochendem Wasser überbrühen, häuten, halbieren, entkernen und grobwürfeln.
Die Weintrauben waschen, gut abtropfen lassen, die Beeren von den Stielen zupfen, halbieren und entkernen.
Die Äpfel vierteln, schälen, entkernen, von Blüten- und Stengelansätzen befreien und quer noch mal durchschneiden. Alles zusammen mit dem Zitronen- und Orangensaft und dem Zukker in den Mixbecher der Küchenmaschine geben (am besten in 2 Partien arbeiten) und feinpürieren. Oder in einer großen, hohen Schüssel mit dem Schneidstab des Handrührgeräts zu einem glatten Püree verarbeiten. Der Zucker sollte sich ganz aufgelöst haben. Die Fruchtmasse mit Ingwer würzen und zugedeckt für mindestens 2 Stunden in den Kühlschrank stellen.
Erst unmittelbar vor dem Servieren die Crème fraîche darunterrühren.
Dazu nicht zu süßes Gebäck oder Zwieback mit Butter reichen.

Buttermilch-Früchte-Kaltschale

4 Portionen à ca. 1610 kJ (385 kcal)

125 g Erdbeeren, 2 Pfirsiche, 4 reife, aber feste Aprikosen, 100 g Zucker, ¾ l gut gekühlte Buttermilch, 20 cl saure Sahne (10 % Fettgehalt), Saft und abgeriebene Schale einer unbehandelten Zitrone, 1 kräftige Prise Zimt, 2 Zwiebäcke.

Erdbeeren waschen, abtropfen lassen, entstielen und vierteln.
Pfirsiche und Aprikosen heiß überbrühen, häuten, halbieren, entsteinen und würfeln. Die Früchte mit 3 Eßlöffeln Zucker mischen und Saft ziehen lassen.
Buttermilch mit restlichem Zucker, saurer Sahne, Zitronensaft und -schale und Zimt verrühren, bis sich der Zucker aufgelöst hat.
Die Früchte in vier Teller verteilen und mit der Buttermilch übergießen. Die Zwiebäcke zerbröseln und darüberstreuen.
Die Kaltschale als sommerliches Dessert oder mit Butterbrot als leichtes Abendessen reichen.

Heidelbeer-Kaltschale

4 Portionen à ca. 980 kJ (235 kcal)

2 unbehandelte Zitronen, 1 l Wasser, Saft einer Orange, 1 Stück Stangenzimt (ca. 3 cm), 2 Nelken, 500 g Heidelbeeren (Blaubeeren), 125 g Zucker, 30 g Speisestärke.

Die Zitronen unter warmem Wasser waschen und abtrocknen. Von einer Zitrone die Schale als lange, dünne Spirale abschälen, dann die Frucht auspressen.
Wasser mit Zitronenschale, Zitronensaft, Orangensaft, Zimtstange und Nelken 10 Minuten bei mittlerer Hitze kochen lassen.
Die Heidelbeeren gut verlesen und behutsam waschen. 3 Eßlöffel Beeren beiseite stellen. Die übrigen Früchte mit Zucker in den Mixer geben und auf Stufe 3 sehr fein pürieren oder mit dem Schneidstab des Handrührgeräts arbeiten.
Das Kochwasser durch ein Sieb gießen. Das Heidelbeerpüree in das Wasser rühren und zum Kochen bringen.
Die Speisestärke in etwas kaltem Wasser glattrühren, in die Suppe geben und diese noch einmal kurz aufkochen lassen.
Zuerst in einem kalten Wasserbad, dann im Kühlschrank erkalten lassen, dabei hin und wieder umrühren, damit sich keine Haut bildet.
Vor dem Servieren die übrigen Heidelbeeren in die Kaltschale streuen.
Die zweite Zitrone halbieren. 2 dünne Scheiben mit der Schale abschneiden und auf der Oberfläche der Suppe schwimmen lassen. (Den Rest der Zitrone anderweitig verwenden.)
Dazu schmecken frisch gebackene Waffeln oder hauchdünne Eierkuchen (Crêpes).

Himbeer-Kaltschale

4 Portionen à ca. 1420 kJ (340 kcal)

¾ l Milch, 2 Päckchen Vanillezucker, Salz, 100 g Zucker, 25 g Speisestärke, 1 Eßl. süße Sahne, 1 Eigelb, 500 g Himbeeren.

Milch mit Vanillezucker, 1 Prise Salz und dem Zucker zum Kochen bringen.
Speisestärke mit Sahne verquirlen und unter ständigem Schlagen in die Milch laufen lassen. Die Mischung aufkochen und 30 Sekunden durchkochen lassen. Dabei immer weiterschlagen.
Das Eigelb mit etwas Suppe verquirlen und die übrige Suppe damit legieren. Dann den Topf in ein kaltes Wasserbad stellen, dem einige Eiswürfel zugefügt werden.
Die Himbeeren verlesen, nur wenn nötig waschen und abtropfen lassen. Einige Beeren zum Garnieren beiseite stellen, die übrigen durch ein Haarsieb streichen.
Die abgekühlte Milch noch einmal durchschlagen, dann das Himbeermus unterziehen. Die Kaltschale in eine Schüssel füllen und für 1 bis 2 Stunden in den Kühlschrank stellen. Vor dem Servieren die ganzen Beeren vorsichtig auf die Oberfläche streuen.
Dazu schmecken Löffelbiskuits oder auch feine Eiswaffeln.
Variation: Die Himbeer-Kaltschale bekommt eine „geistvolle" Note, wenn man mit dem pürierten Mus ein Gläschen Himbeergeist unter die Milch zieht.

Heidelbeer-Kaltschale
Himbeer-Kaltschale

Himbeer-Kaltschale
mit Klößchen

Himbeer-Kaltschale mit Klößchen

4 Portionen à ca. 1310 kJ (315 kcal)

500 g Himbeeren, 1/4 l Weißwein, 1/4 l Wasser, abgeriebene Schale einer halben unbehandelten Zitrone, 125 g Zucker, 20 g Perlsago, 1/4 l Milch, 1 Prise Salz, 1 Prise gemahlener Zimt, 10 g Butter, 35 g Grieß, 1 Ei.

Himbeeren verlesen, wenn nötig waschen, gut abtropfen lassen. Anschließend durch ein Haarsieb streichen (nicht im Mixer pürieren).
Wein und Wasser mit der Zitronenschale und 100 g Zucker zum Kochen bringen. Das Sago einstreuen und bei milder Hitze nur so lange ausquellen lassen, bis noch ein kleiner weißer Kern im Inneren der Körnchen vorhanden ist. Jetzt erst das Himbeermus dazurühren, die Mischung einmal bis kurz vorm Kochen erhitzen. Dann vom Herd nehmen und das Sago ganz ausquellen lassen. Die Kaltschale zuerst in einem kalten Wasserbad, dann im Kühlschrank erkalten lassen.
Nebenher die Grießklößchen bereiten. Dazu die Milch mit dem restlichen Zucker, mit Salz, Zimt und Butter aufkochen. In einem dünnen Strahl unter ständigem Rühren den Grieß einlaufen lassen und so lange weiterrühren, bis sich ein Kloß gebildet hat. Den Topf dann vom Herd nehmen und das Ei in die Masse rühren.
Aus der heißen Masse mit zwei Teelöffeln, die zwischendurch immer wieder in heißes Wasser getaucht werden, kleine ovale Klößchen formen und noch warm auf die kalte Suppe geben.
Variation: Wenn Sie die Klößchen lieber kalt essen möchten, sollten Sie sie auf folgende Weise bereiten:
30 g Butter mit 40 g Zucker und etwas Vanillemark schaumig rühren. 1 Ei zufügen und alles zu einer glatten Masse rühren. Dann 1 Prise Salz und 50 g Grieß untermischen und den Teig 30 Minuten quellen lassen.
Reichlich Salzwasser zum Kochen bringen. Vom Teig kleine Klößchen abstechen und in 5 Minuten garziehen lassen (dabei darf das Wasser aber nur eben köcheln). Die Klößchen mit einem Schaumlöffel aus dem Wasser nehmen, abtropfen und erkalten lassen.

Hagebutten-Kaltschale

4 Portionen à ca. 1280 kJ (305 kcal)

250 g ungesüßtes Hagebuttenmark (aus dem Reformhaus), 1/2 l naturtrüber Apfelsaft, 1/2 l Traubensaft, 1/4 Teel. gemahlener Zimt, je 1 Msp. gemahlene Nelken und gemahlener Piment, 100 g Honig, 1 unbehandelte Zitrone, 2 Zwiebäcke.

Hagebuttenmark mit Apfelsaft, Traubensaft, Gewürzen und Honig vermischen und bei nicht zu starker Hitze unter ständigem Rühren so lange erwärmen, bis der Honig sich mit allen übrigen Zutaten zu einer glatten Masse verbunden hat.
Nebenher die Zitrone unter fließendem, lauwarmem Wasser abbürsten, abtrocknen und die Schale abreiben oder mit einem Julienne-Kratzer abschaben. Die Schale beiseite stellen, die Zitrone auspressen und den Saft unter die Hagebuttenmischung rühren.
Die Kaltschale zuerst in einem kalten, mit Eiswürfeln angereicherten Wasserbad, dann im Kühlschrank erkalten lassen. Dabei hin und wieder kräftig umrühren, damit der Honig sich nicht absetzt.
Die Zwiebäcke zwischen zwei Blättern Pergamentpapier oder Alufolie nicht zu fein zerdrücken.

Die Kaltschale in vier Teller verteilen. Mit Zwiebackbröseln und Zitronenschale bestreut rasch servieren.
Variation: Wenn die Kaltschale nicht für Kinder bestimmt ist, kann man noch 4 cl Portwein oder halbtrockenen Sherry (Amontillado) hineingeben.

Wein-Heidelbeer-Kaltschale

4 Portionen à ca. 995 kJ (240 kcal)

300 g frische Heidelbeeren (Blaubeeren), 1/2 l Wasser, 1/2 l Weißwein, 1/4 Vanilleschote, Schale einer halben unbehandelten Zitrone, 75 g Zucker, 1 Eßl. Speisestärke, 1/8 l süße Sahne, einige Tropfen Vanilleessenz.

Heidelbeeren verlesen, waschen und abtropfen lassen. Etwa 50 g Früchte beiseite stellen. Die übrigen mit dem Wasser und dem Wein langsam zum Kochen bringen.
Die Vanilleschote aufschneiden und das Mark herausschaben. Die Schote zusammen mit dem Mark, der Zitronenschale und 50 g Zucker in den Topf geben. Alles einmal aufkochen lassen.
Die Speisestärke mit etwas Wasser glattrühren, die Suppe damit binden und in einem kalten Wasserbad abkühlen lassen. Dabei hin und wieder umrühren, damit sich keine Haut bildet.
Erst wenn die Suppe schon kühl ist, die Zitronenschale und die Vanilleschote herausnehmen, die Suppe dann noch für etwa 1 Stunde in den Kühlschrank stellen.
Die Sahne steifschlagen, dabei nach und nach den restlichen Zucker untermischen. Die Sahne mit Vanilleessenz abschmecken und in einen Spritzbeutel mit dicker Sterntülle füllen.
Die Kaltschale in vier Suppentassen verteilen. In die Mitte jeweils einen dicken Sahnetupfer geben und mit den zurückbehaltenen Beeren garnieren.
Dazu dünnes Knäckebrot oder dünne Schwarzbrotscheiben mit Butter servieren.

Vanillequark-Kaltschale

4 Portionen à ca. 2440 kJ (585 kcal)

100 g kernlose Rosinen, 4 Eßl. Rum, 250 g Sahnequark, 2 Becher Sahnejoghurt (à 175 g), 1 unbehandelte Zitrone, 100 g Zucker, einige Tropfen Vanilleessenz, 500 g süßsaure Äpfel, 30 g Borkenschokolade.

Die Rosinen kurz unter lauwarmem Wasser waschen, gut abtropfen lassen, in ein kleines Schälchen geben, mit Rum begießen und zugedeckt ausquellen lassen.
Sahnequark und Joghurt in eine Schüssel geben.
Die Zitrone unter fließendem lauwarmen Wasser abbürsten, abtrocknen und die Schale abreiben. Zusammen mit dem ausgepreßten Zitronensaft und dem Zucker in die Schüssel geben.
Alles mit den Rührstäben des Handrührgeräts so lange verrühren, bis der Zucker sich ganz aufgelöst hat. Dann beliebig stark mit Vanilleessenz abschmecken. Etwa 1 Stunde in den Kühlschrank stellen.
Unmittelbar vor dem Servieren die gewaschenen Äpfel schälen, achteln, entkernen, von Blüten- und Stengelansätzen befreien und in etwa 5 mm dicke Scheiben schneiden. Rasch unter die Kaltschale ziehen, damit sie sich nicht verfärben. Zum Schluß die Rosinen mit dem Rum dazugeben. Die Kaltschale in eine Servierschüssel füllen.
Die Borkenschokolade fein zerbröseln und die Kaltschale damit garnieren.
Dazu schmecken dünne Knäckebrotscheiben mit Butter.

Das ausgeschabte Mark der Vanilleschote entfaltet sein köstliches Aroma am besten in warmen Flüssigkeiten. Darum sollte man Kaltschalen, die nicht zuvor gekocht oder erhitzt werden, besser mit Vanilleessenz würzen. Oder man süßt kalte Suppen mit echtem Vanillezucker, den man auf Vorrat herstellen kann. Dafür ausgeschabte Vanilleschoten, deren Mark anderweitig verwendet wurde, zusammen mit feinem Kristallzucker in ein verschließbares Glas füllen, so daß das Vanillearoma vom Zucker aufgenommen werden kann.

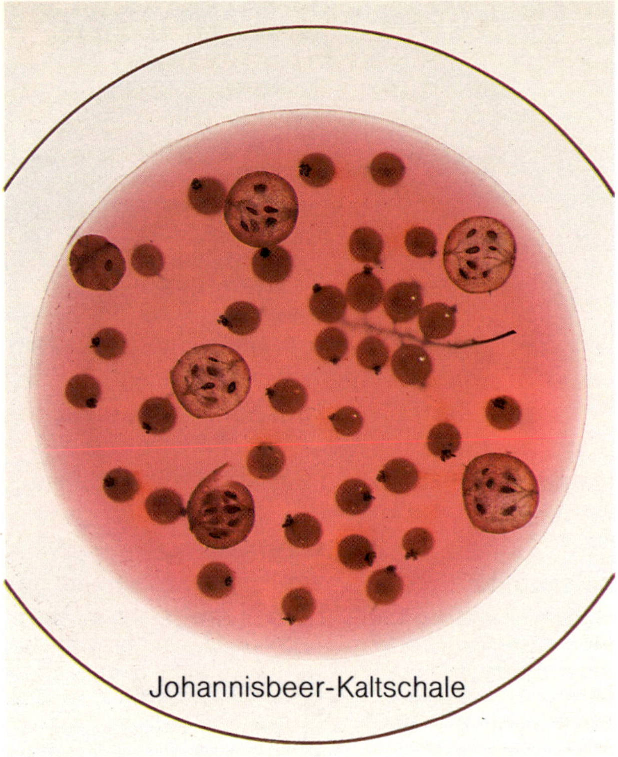

Johannisbeer-Kaltschale

Johannisbeer-Kaltschale

4 Portionen à ca. 650 kJ (155 kcal)

150 g rote Johannisbeeren, 150 g große, reife Stachelbeeren, $^3/_4$ l Wasser, Saft einer halben Zitrone, 100 g Zucker, 2 Blätter rote Gelatine, 2 Blätter helle Gelatine, 2 cl Johannisbeerlikör (Cassis).

Johannis- und Stachelbeeren sorgfältig waschen und abtropfen lassen. Johannisbeeren von den Rispen streifen, Stachelbeeren von Stengel- und Blütenansätzen befreien. Zum Garnieren einige Johannis- und Stachelbeeren beiseite stellen.
Die übrigen Beeren in einen Topf geben und mit dem Wasser bedecken. Zitronensaft und Zukker zufügen. Die Flüssigkeit langsam bei mittlerer Hitze zum Kochen bringen und zugedeckt 10 Minuten köcheln lassen.
Die zusammengerollten Gelatineblätter in kaltem Wasser einweichen.
Das Obst durch ein Sieb ablaufen lassen, nur leicht ausdrücken. Den so gewonnenen Saft wieder erwärmen und die ausgedrückte Gelatine darin auflösen. Die Suppe mit Johannisbeerlikör verrühren und kalt stellen.
Zum Servieren die Kaltschale in Teller füllen und die zurückbehaltenen Beeren einstreuen.

Apfel-Kaltschale

Apfel-Kaltschale

4 Portionen à ca. 1050 kJ (250 kcal)

$^1/_2$ l Cidre (Apfelwein), $^1/_2$ l Apfelsaft, 1 Stück Stangenzimt (4–5 cm), 100 g Zucker, 2 große, feste Äpfel (z. B. Granny Smith), Zitronensaft, gut 1 Msp. Ingwerpulver, 4 gestrichene Eßl. Speisestärke, 2 Kiwis, einige frische Minzblättchen zum Verzieren.

Cidre, Apfelsaft, Stangenzimt und Zucker bei mittlerer Hitze zum Kochen bringen.
Die Äpfel waschen, vierteln, von Blüten- und Stengelansätzen befreien und die Kerngehäuse ausschneiden. Die Längsviertel in nicht zu dünne Spalten schneiden, einige mit Zitronensaft beträufelt zum Garnieren beiseite legen. Dann die Fruchtstücke mit dem Ingwerpulver in die Kochflüssigkeit geben und zugedeckt in 3 bis 5 Minuten gardünsten.
Speisestärke mit kaltem Wasser glattrühren, in die Suppe laufen lassen, umrühren und noch einmal aufkochen. Die Suppe im kalten Wasserbad, dann im Kühlschrank erkalten lassen.
Kiwis schälen, in Scheiben schneiden. Kaltschale in vier Teller verteilen, mit Kiwi- und Apfelscheibchen und Minzblättchen garnieren.
Dazu schmeckt Zwieback oder hauchdünnes, gebuttertes Knäckebrot.

Pflaumen-Kaltschale

Orangen-Kaltschale

Pflaumen-Kaltschale

4 Portionen à ca. 770 kJ (185 kcal)

Schale einer unbehandelten Zitrone, $^{1}/_{2}$ l Wasser, 1 Stück Stangenzimt (2–3 cm), 4 Gewürznelken, 100 g Puderzucker, 400 g reife Pflaumen, 2 Eßl. Speisestärke, $^{1}/_{4}$ l milder Rotwein, 2 cl Pflaumenschnaps.

Zitrone unter lauwarmem Wasser abbürsten, dann abtrocknen. Die Schale in einer dünnen Spirale abschälen. Wasser mit Stangenzimt, Nelken, Puderzucker und Zitronenschale in einem Topf langsam erhitzen und zugedeckt auf mittlerer Hitze 8 Minuten köcheln lassen.
Pflaumen waschen, abtropfen lassen und entsteinen. Die Fruchthälften in schmale Spalten schneiden. Einige Fruchtstücke zum Garnieren zurückbehalten. Die übrigen in das Kochwasser geben und zugedeckt 15 Minuten köcheln lassen. Dann durch ein Sieb streichen, wieder aufkochen und mit der verquirlten Speisestärke binden. Die Suppe in eine Metallschale gießen und mit dem Rotwein mischen. Zuerst im kalten Wasserbad, dann im Kühlschrank erkalten lassen. Erst unmittelbar vor dem Servieren den Pflaumenschnaps einrühren.
Die Fruchtstücke in vier Teller verteilen und die Kaltschale darüberfüllen.

Orangen-Kaltschale

4 Portionen à ca. 810 kJ (195 kcal)

4 Blatt helle Gelatine, $^{3}/_{4}$ l frisch gepreßter Orangensaft, $^{1}/_{4}$ l Weißwein, 4 Eßl. Akazienhonig, 100 g Himbeeren, 1 unbehandelte Orange.

Gelatineblätter zusammengerollt 10 Minuten in kaltem Wasser einweichen.
Orangensaft und Wein mischen. Mit dem Akazienhonig in einem Topf erhitzen, jedoch nicht zum Kochen bringen. Die ausgedrückte Gelatine in der Orangen-Wein-Mischung auflösen. Alles durch ein Sieb gießen, erkalten lassen.
Himbeeren verlesen, nur wenn nötig waschen, in einem Sieb abtropfen lassen, dann die evtl. vorhandenen Stengelansätze herausdrehen.
Die Orange unter lauwarmem Wasser gründlich abbürsten, abtrocknen, halbieren und die Hälften in hauchdünne Scheiben schneiden. Eventuell vorhandene Kerne auslösen.
Orangenscheiben und Himbeeren in vier Teller verteilen und die Kaltschale vorsichtig darübergießen.
Dazu schmecken Orangenwaffeln.
Variation: Man kann die Kaltschale zusätzlich mit 2 cl Aprikosen- oder Orangenlikör abschmecken.

Zubereitet mit Früchten aus aller Welt: **Salat-K**

npositionen für Genießer

Mangosalat
Rezept nächste Seite

Mangosalat

(Foto Seite 24/25)

4 Portionen à ca. 1755 kJ (420 kcal)

2 reife Mangos (siehe auch Seite 136–141), 2 unbehandelte Limetten, 1 Eßl. grob geschroteter bunter Pfeffer, 2 gekochte oder gebratene Hähnchenbrustfilets von je ca. 150 g, 75 g hauchdünn geschnittenes Bündner Fleisch, 100 g Roquefortkäse, 1 kleiner Becher Crème fraîche (100 g), 2 Eßl. süße Sahne, 1 Prise Salz, 25 g geschälte Pistazienkerne.

Mangos schälen, dazu die Haut mit einem spitzen Messer wie eine Orange einritzen, dann abziehen. Das Fruchtfleisch oben und unten flach am Kern entlang abschneiden. Nun das seitliche Fruchtfleisch ablösen und alle Stücke längs in dünne Scheiben schneiden und auf einer Platte anrichten.

Die Limetten heiß abspülen, abtrocknen und die Schale mit einem Julienne-Kratzer abziehen oder abreiben. Limettensaft auspressen und über die Mangoscheiben gießen. Mit der Limettenschale und etwas Pfeffer bestreuen. Mit Haushaltsfolie bedecken und für 1 Stunde in den Kühlschrank stellen.

In der Zwischenzeit die Hähnchenbrustfilets häuten und das Fleisch schräg zur Faser ebenfalls in dünne Scheiben schneiden.

Den Roquefort mit einer Gabel zerdrücken und mit Crème fraîche und Sahne glattrühren. Mit dem restlichen Pfeffer und etwas Salz abschmecken.

Die Hähnchenscheiben auf der Platte mit dem Mango anrichten, die Roquefortsoße daneben geben und mit den Pistazien bestreuen. Die Bündner-Fleisch-Scheiben zu Röllchen drehen und in der Mitte der Platte auf den Mango- und Hähnchenscheiben anrichten.

Mit frischem Stangenweißbrot oder geröstetem Toastbrot als Vorspeise oder kleinen Imbiß reichen. Keinen Alkohol dazu anbieten, er verträgt sich nicht mit den Mangos.

Pikanter Birnensalat

Pikanter Birnensalat

4 Portionen à ca. 1705 kJ (405 kcal)

500 g feste Williams-Christ-Birnen, knapp 1/8 l Wasser, 60 g Zucker, Saft von 2 Zitronen, 4 Stangen Bleichsellerie, 200 g blaue Weintrauben, 50 g Walnußhälften, 2 Scheiben roher Schinken ohne Fettrand (ca. 125 g), 2 Eßl. Walnußöl, Salz, 1 Msp. Cayennepfeffer.

Die Birnen schälen, das Kerngehäuse sorgfältig entfernen und die Früchte in nicht zu schmale Schnitze schneiden.

Das Wasser mit Zucker und dem Saft von einer Zitrone mischen. Die Birnen hineingeben und langsam erhitzen. Sobald die Flüssigkeit zu kochen beginnt, den Topf vom Herd nehmen und die Birnen zugedeckt 5 Minuten ziehen lassen. Die Früchte abgießen, den Saft auffangen. Dann den Saft bei starker Hitze um etwa die Hälfte einkochen. Saft und Früchte abkühlen lassen.

Bleichsellerie putzen, waschen und abtrocknen. Die Blätter entfernen. Die Stangen in 1 bis 2 cm breite Stücke schneiden.

Die Weintrauben waschen, mit Haushaltspapier trockentupfen, die Beeren abzupfen und halbieren. Mit einem spitzen Messer die Kerne entfernen.

25 g Walnußhälften feinhacken.

Die Schinkenscheiben in 2 bis 3 cm lange Streifchen schneiden.

Den Birnensaft mit dem restlichen Zitronensaft und dem Walnußöl verrühren. Mit Salz und Cayennepfeffer würzen.

Birnen, Sellerie, Weinbeeren, gehackte Nüsse und Schinkenstreifchen in eine Schüssel geben, die Soße darübergießen und den Salat 30 Minuten ziehen lassen. Während dieser Zeit mehrmals behutsam mischen.
Vor dem Servieren den Salat mit den ganzen Walnußhälften verzieren.
Dazu Vollkorn- oder Weißbrotscheiben und Butter reichen. Als Getränk paßt ein halbtrockener Sherry (Amontillado) oder Portwein dazu.

Birnen-Käse-Salat

4 Portionen à ca. 1680 kJ (400 kcal)

¼ l Wasser, ¼ l trockener Weißwein, 75 g Zucker, 500 g feste Birnen (möglichst mit Stiel), 125 g Blauschimmelkäse (Roquefort, Gorgonzola), 2 Eßl. Delikateßmayonnaise, 2 Eßl. Crème fraîche, 1 Teel. Birnengeist oder Kirschwasser, 1 Teel. Tomatenketchup, Salz, Zucker, Cayennepfeffer, einige Kopfsalatblätter, 2 Eßl. Sauerkirschen aus dem Glas.

Wasser, Weißwein und Zucker in einem Topf mischen. Birnen im Ganzen schälen, die Stiele nicht entfernen. Die Früchte in die Wasser-Wein-Mischung legen und bei geringer Hitze langsam zum Kochen kommen lassen. Dann sofort die Hitze zurückschalten und die Birnen zugedeckt in etwa 5 Minuten halbgar dünsten. Mit der Schöpfkelle die Birnen aus der Kochflüssigkeit nehmen, abtropfen und erkalten lassen.
Den Käse in Stücke und Würfel teilen.

Birnen-Käse-Salat

Aus Mayonnaise, Crème fraîche, Birnengeist und Tomatenketchup eine schaumige Creme schlagen, mit Salz, einer Prise Zucker und Cayennepfeffer abschmecken.
Die Kopfsalatblätter waschen, trockenschwenken und auf einer flachen Platte ausbreiten.
Sauerkirschen aus dem Glas nehmen und abtropfen lassen.
Die erkalteten Birnen der Länge nach halbieren und das Kerngehäuse entfernen. Dann die Fruchthälften auf die Salatblätter legen und mit den Käsewürfeln füllen. Die Creme über Käse und Birnen gießen. Zum Schluß die Sauerkirschen obenauf setzen.
Dazu gebutterte Pumpernickeltaler und einen leichten Rotwein oder Rosé reichen.

Nektarinen-Geflügel-Salat

4 Portionen à ca. 1300 kJ (310 kcal)

2 gekochte oder gebratene Hähnchenbrustfilets von je ca. 150 g, 150 g frische Sojabohnenkeimlinge (Lunja), 3 Nektarinen, 1 Teel. Zitronensaft, ⅛ l süße Sahne, 2 Eßl. Delikateßmayonnaise, 1 Eßl. Himbeeressig, 1 Eßl. trockener Sherry (Fino), Salz, weißer Pfeffer aus der Mühle, einige Spritzer Worcestersauce, einige Kerbelblättchen.

Die Hähnchenbrustfilets häuten und das Fleisch quer in etwa 5 mm dicke Scheiben schneiden.
Sojabohnenkeimlinge in reichlich Wasser waschen, dabei die sich lösenden grünen Häutchen abschöpfen. Die Keimlinge in einem Sieb gründlich abtropfen lassen.
Nektarinen waschen, abtrocknen, halbieren und entsteinen. Das Fruchtfleisch in dünne Schnitze teilen. Rasch mit dem Zitronensaft vermischen.
Die Sahne steifschlagen und mit Mayonnaise, Himbeeressig und Sherry zu einer Soße verrühren. Mit Salz, Pfeffer und etwas Worcestersauce abschmecken.
Hähnchenfleisch, Sojabohnenkeimlinge und Nektarinenschnitze mischen und auf einer flachen Schale bergartig anrichten. Mit der Soße übergießen, diese jedoch erst bei Tisch untermischen. Den Salat mit Kerbelblättchen garnieren.
Dazu frisch geröstetes Toastbrot und Butter reichen.

Salatherzen Pyrmonterart

4 Portionen à ca. 835 kJ (200 kcal)

250 g frische Erdbeeren, 2 Pfirsichhälften aus der Dose, 2 Scheiben Ananas (frisch oder aus der Dose), 1 Orange, 1 rote Paprikaschote, 2 kleine Köpfe grüner Salat, 3 Eßl. feinstes Speiseöl (Mandel- oder Traubenkernöl), 4 Eßl. süße Sahne, 3 Eßl. Sherryessig, Salz, 1 Prise gemahlener Koriander, 1 Eßl. fein gehacktes Basilikum.

Erdbeeren waschen, gründlich abtropfen lassen, die Stiele herausdrehen und die Früchte je nach Größe halbieren oder vierteln.

Die Pfirsiche und Ananasscheiben abtropfen lassen. Pfirsiche in dünne Spalten, Ananas in Stückchen schneiden.

Orange wie einen Apfel schälen, dabei auch die pelzige Innenhaut entfernen. Die Filets mit einem scharfen, kleinen Messer aus den dünnen Häutchen schneiden.

Die Paprikaschote vierteln, von Samensträngen und Stengelansatz befreien. Schote waschen, abtropfen lassen und quer in dünne Streifen schneiden.

Von den Salatköpfen die äußeren grünen Blätter entfernen, so daß nur die hellen Herzen übrigbleiben. Die Salatherzen vierteln, waschen und gründlich trockenschwenken.

Die Salatherzen in einer Schüssel anrichten, die übrigen vorbereiteten Zutaten miteinander vermischen und in die Mitte häufen.

Öl, Sahne und Essig in den Mixer geben, etwas Salz und Koriander zufügen und alles bei Stufe 3 dickschaumig aufschlagen. Rasch über den Salat gießen. Mit Basilikum bestreut sofort auftragen.

Dazu hauchdünne Knäckebrotscheiben oder warme Baguette und leicht gesalzene Butter servieren. Als Getränk einen leichten, spritzigen Weißwein dazu reichen.

Variationen: Man kann den Salat statt mit Basilikum auch mit grünen, in Wodka eingelegten Pfefferkörnern bestreuen. Oder man reibt reichlich frischen Parmesan- oder alten Goudakäse darüber. Wenn die Saison für frische Beerenfrüchte schon vorbei ist, verwenden Sie für diesen Salat aufgetaute TK-Himbeeren.

Erdbeeren stets zuerst waschen, abtropfen lassen und dann erst von den Stengelansätzen befreien. Würde man die Stengelansätze vor dem Waschen herausdrehen, würden die Früchte zuviel Wasser aufsaugen und das Aroma darunter leiden. Das gleiche gilt auch für Himbeeren und Brombeeren, sofern diese mit Stengelansatz gekauft wurden.

Apfel-Rapunzel-Salat

4 Portionen à ca. 1350 kJ (325 kcal)

150 g Rapunzelsalat (Feldsalat), 1 Eßl. Sherry- oder Weinessig, 2 Eßl. bestes Olivenöl (Jungfernöl, Huile vierge), Salz, weißer Pfeffer aus der Mühle, 2 Schalotten oder 1 kleine Zwiebel, 500 g süßsäuerliche Äpfel (Jonathan, Gloster, Melrosum), 1 Eßl. Zitronensaft, 50 g grob gehackte Walnüsse oder Mandeln, 1 Becher Crème fraîche (200 g), abgeriebene Schale einer halben unbehandelten Zitrone, 1 Eßl. bestes Speiseöl (Traubenkern-, Distel- oder Walnußöl), 1 Prise Zucker, 1 Teel. Korinthen.

Feldsalat putzen, gründlich waschen und trockenschleudern.

Essig und Olivenöl verrühren, mit Salz und Pfeffer abschmecken.

Schalotten oder Zwiebel schälen und ganz fein hacken. In die Salatsoße geben.

Die Äpfel waschen, vierteln, entkernen und von Stengel- und Blütenansätzen befreien. Dann quer in dünne Scheiben schneiden und rasch mit dem Zitronensaft vermischen.

Feldsalat, Äpfel und Walnüsse mit der Salatsoße vermischen, auf einer tiefen Platte anrichten.

Crème fraîche mit Zitronenschale, Öl und Zucker verrühren und als Klecks in die Mitte des Salats geben, jedoch nicht untermischen.

Die zuvor gründlich in lauwarmem Wasser gewaschenen, abgetropften und mit Haushaltspapier abgetrockneten Korinthen über den Salat streuen.

Dazu schmeckt Vollkornbrot mit Butter.

Gourmet-Salat

Gourmet-Salat

4 Portionen à ca. 995 kJ (235 kcal)

1 rote Paprikaschote, 2 kleine Zucchini,
1 kleine Fenchelknolle mit Grün,
6 Kiwifrüchte (siehe auch Seite 136–141),
2 weiße Zwiebeln, 1 kleiner Becher
Crème fraîche (100 g), 2 Eßl. Sherryessig,
2 Eßl. feinstes Speiseöl
(z. B. Walnuß- oder Traubenkernöl),
Salz, 1 Prise Cayennepfeffer.

Paprikaschote von unten her putzen, die Samenstränge herausschneiden. Die Schote waschen, abtropfen lassen und in dünne Ringe schneiden.
Zucchini unter fließendem Wasser abbürsten, abtrocknen, in dünne Scheiben schneiden.
Von der Fenchelknolle das Grün abschneiden und beiseite legen. Die Knolle putzen, dann vierteln und auch in dünne Scheiben schneiden. Ebenso vier zuvor geschälte Kiwifrüchte.
Die Zwiebeln schälen und in hauchdünne Ringe schneiden. Alles in einer Schüssel mischen.
Die beiden restlichen Kiwis ebenfalls schälen, dann mit der Crème fraîche, dem Sherryessig und dem Öl im Mixer zu einer glatten Soße verarbeiten oder den Schneidstab des Handrührgeräts verwenden. Die Soße pikant mit Salz und Cayennepfeffer abschmecken, über den Salat geben und untermischen. Den Salat etwa 15 Minuten ziehen lassen.
Das Fenchelgrün abspülen, trockentupfen und feinhacken. Den Salat in eine Servierschale füllen und mit dem Fenchelgrün bestreuen.
Dazu frische Baguette reichen.

Die Schalen von Paprikaschoten sind schwer verdaulich, darum sollte man sie für Menschen mit empfindlichem Magen abziehen. Dafür die Schoten auf der heißen Herdplatte oder über einer Gasflamme rösten, bis die Haut ganz schrumpelig ist. Anschließend die Schoten für 5 Minuten in ein feuchtes Küchentuch einwickeln. Danach läßt sich die Haut ganz leicht entfernen.

Birnen-Reh-Salat mit Holundercreme

4 Portionen à ca. 1565 kJ (375 kcal)

4 reife Tafelbirnen, ⅛ l trockener Weißwein, 20 g Zucker, 1 Prise gemahlener Zimt, 1 Prise gemahlene Nelken, 250 g Rehbratenreste, 200 g blaue Weintrauben, 1 Becher süße Sahne (200 g), ⅛ l Holunderbeersaft (selbstgekocht oder aus dem Reformhaus), Salz, gemahlener Koriander, einige frische Holunderbeeren (ersatzweise schwarze Johannisbeeren).

Birnen schälen, halbieren, von Blüten-, Stengelansätzen und Kerngehäusen befreien.
Wein mit Zucker, Zimt und Nelken aufkochen, die Birnenhälften einlegen und zugedeckt bei nicht zu starker Hitze 10 Minuten dünsten. Dann in dem Sud abkühlen lassen.
Die Rehbratenreste ganz fein würfeln.
Weintrauben waschen, abtropfen lassen und die Beeren von den Stielen zupfen. Die Beeren halbieren und entkernen.
Die Sahne steifschlagen, dann in einem dünnen Strahl unter ständigem Schlagen den Holunderbeersaft einlaufen lassen. Mit Salz und Koriander abschmecken.
Die Birnen mit einem Schaumlöffel aus dem Sud heben, abtropfen lassen und in dünne Schnitze teilen. Auf einer Servierplatte anrichten.
Die Rehfleischwürfel mit den Weinbeeren vermischen und bergartig auf die Birnenschnitze häufen. Alles mit der Soße übergießen und mit Holunder- oder schwarzen Johannisbeeren garnieren.
Dazu hauchdünne Crêpes oder Blinis (siehe burda-Buch K 200 „Das neue Kräuter-Kochbuch“) reichen.
Hinweis: Für diesen Salat können Sie außer Rehfleisch alle Wildbratenreste, aber auch Reste von Rinderschmorbraten verwenden.
Tip: Den Birnen-Kochsud nicht wegschütten, sondern als Grundlage für eine Kaltschale verwenden.

Ananas-Krabben-Cocktail

Ananas-Krabben-Cocktail

4 Portionen à ca. 1145 kJ (275 kcal)

250 g geschälte, frische oder TK-Krabben oder Shrimps, 4 Stengel Bleichsellerie, ½ frische Ananas (ca. 300 g), 2 kleine, helle Köpfe grüner Salat, 3 Eßl. Crème fraîche, 3 Eßl. Delikateßmayonnaise, 2 Eßl. süße Sahne, 1 Eßl. Zitronensaft, ½ Teel. Kräutersenf, Salz, 1 Prise Zucker, weißer Pfeffer aus der Mühle, ½ Bund Dill.

Tiefgekühlte Krabben oder Shrimps auftauen lassen. Kurz unter fließendem kalten Wasser abspülen und dann abtropfen lassen.
Bleichsellerie putzen, die Blätter waschen, abtropfen lassen und grob zerkleinern. Die Stangen in etwa 5 mm dicke Scheiben schneiden.
Die Ananashälfte großzügig schälen und mit einem spitzen Messer die „Augen“ herausschneiden. Die Ananas in 4 Scheiben teilen. Den harten Innenkern herausschneiden und das Fruchtfleisch in Würfel schneiden.
Kopfsalat putzen, nur die hellen Blätter wa-

schen, gründlich trockenschleudern und eine Servierschale damit auskleiden.
Crème fraîche, Mayonnaise, Sahne, Zitronensaft und Senf verrühren, mit Salz, Zucker und Pfeffer abschmecken. Krabben, Sellerieblätter und -stangen sowie die Ananas mit der Soße vermischen. Etwa 10 Minuten ziehen lassen.
In der Zwischenzeit den Dill abspülen, trockenschwenken und feinhacken.
Den Cocktail auf die Salatblätter geben, mit Dill bestreuen und servieren.
Dazu ofenwarmes Weißbrot reichen.

Birnen-Lauch-Salat

4 Portionen à ca. 995 kJ (240 kcal)

3 zarte Stangen Lauch (Porree), 50 g Doppelrahmfrischkäse, 50 g weißer Schafskäse, 6 Eßl. süße Sahne, 1 Eßl. Sherryessig, 1 Eßl. halbtrockener Sherry (Amontillado), Salz, grob geschroteter bunter Pfeffer, 4 saftige, feste Birnen, 1 Eßl. Zitronensaft.

Den Lauch putzen, nur die hellgelben Innenteile verwenden. Lauch längs halbieren, waschen und gründlich abtropfen lassen. Dann in dünne Streifen schneiden.
Doppelrahmfrischkäse und Schafskäse mit einer Gabel ganz fein zerdrücken. In eine Schüssel geben, mit Sahne, Sherryessig und Sherry zu einer glatten Soße verrühren. Mit Salz und Pfeffer pikant würzen.
Die Birnen schälen, vierteln, entkernen und von Blüten- und Stengelansätzen befreien. Birnen längs in dünne Schnitze teilen und mit dem Zitronensaft vermischen, damit sie sich nicht braun verfärben. Dann sternförmig auf einer tiefen Servierplatte anrichten. In die Mitte den Lauch häufen. Den Lauch und die Birnen mit der Soße überziehen und rasch servieren.
Dazu frisch geröstetes Toastbrot und leicht gesalzene Butter reichen. Als Getränk paßt dazu ein trockener Sherry (Fino) oder trockener Portwein.
Variationen: Zusätzlich kann man noch gehackte Hasel- oder Erdnüsse über den Salat streuen. Man kann auch zwei Birnen durch eine Avocado ersetzen und den Salat dann wie beschrieben anrichten.

Fruchtsalat „Alice"

4 Portionen à ca. 1370 kJ (325 kcal)

2 Orangen, 1 Grapefruit (siehe auch Seite 136–141), 2 säuerliche Äpfel (Boskop, Jonathan, Cox Orange), 1 rote Paprikaschote, 50 g gehobelte Haselnüsse, 4 Eßl. Sherry- oder sehr guter Rotweinessig, 1/4 Teel. feiner Kräutersenf, 1 Prise Salz, 1 Prise weißer Pfeffer, 6 Eßl. feinstes Speiseöl (Walnuß-, Mandel- oder Traubenkernöl), einige frische Minzblättchen, ersatzweise 1/4 Teel. getrocknete Minze.

Orangen und Grapefruit wie einen Apfel schälen, dabei die pelzige Innenhaut entfernen. Die Fruchtfilets mit einem scharfen kleinen Messer aus den Innenhäuten lösen.
Die Äpfel waschen, achteln, entkernen und von Blüten- und Stengelansätzen befreien. Dann in dünne Scheiben schneiden und rasch mit den Orangen- und Grapefruitstücken mischen, damit sie sich nicht verfärben.
Paprikaschote an den „Nahtstellen" aufschneiden, von Samensträngen und dem Stengelansatz befreien, waschen, gründlich abtropfen lassen und in hauchdünne Streifen schneiden. Zusammen mit den Haselnüssen zu den übrigen Salatzutaten geben.
Den Essig mit Senf, Salz und Pfeffer verrühren, dann tropfenweise das Öl mit dem Schneebesen einschlagen, so daß eine fast sämige Soße entsteht. Unter die Salatzutaten heben. Den Salat 10 Minuten durchziehen lassen, dann eventuell nachwürzen. In eine Servierschale füllen.
Die frischen Minzblättchen abspülen und trokkentupfen. Über den Salat streuen.
Dazu frische Cocktailbrötchen oder Nußbrot servieren.

Papayasalat

Papayasalat

4 Portionen à ca. 1375 kJ (330 kcal)

2 reife Papayas von je ca. 350 g (siehe auch Seite 136–141), 1 große Gemüsezwiebel, 100 g geschälte Scampi oder Shrimps, 100 g Parmaschinken, 2 eingelegte Ingwerpflaumen, 1 kleiner Becher Crème fraîche (100 g), Saft einer Limette oder einer kleinen Zitrone, 2 Teel. Ingwersirup, Salz, weißer Pfeffer aus der Mühle, 1 cl Tequila (Agavenschnaps) oder Bacardi (weißer Rum), 25 g blättrig geschnittene Mandeln.

Papayas schälen, längs halbieren und die Kerne herausschaben. Das Fruchtfleisch in dünne Scheiben schneiden und blütenblattartig auf einem flachen Teller anrichten.
Die Zwiebel schälen und in hauchdünne Scheiben schneiden, dann die Ringe herausdrücken und auf die Papayascheiben verteilen.
Scampi oder Shrimps kurz abspülen und gut abtropfen lassen, noch besser auf einer dicken Lage Haushaltspapier ausbreiten und trockentupfen.
Die Schinkenscheiben längs halbieren und zu Röllchen drehen. Schinkenröllchen sternförmig auf den Salat legen und die Scampi dazwischenstreuen.
Crème fraîche mit Limetten- oder Zitronensaft und dem Ingwersirup schaumig rühren. Mit Salz und Pfeffer würzen und mit Tequila oder Bacardi parfümieren. Die Soße über den Salat gießen.
Die Mandelblättchen in einer beschichteten Pfanne goldbraun rösten und über den Salat streuen.
Den Salat mit einem trockenen Sherry (Fino) oder einem trockenen Weißwein und frischem Stangenweißbrot als festliche Vorspeise oder Imbiß servieren.
Variation: Noch pikanter wird der Salat, wenn man die Papayascheiben mit etwas Sherry- oder Himbeeressig beträufelt und mit grob geschrotetem bunten Pfeffer bestreut.

Hähnchensalat mit Lychees

4 Portionen à ca. 1560 kJ (370 kcal)

2 gegrillte oder gekochte Hähnchenbrustfilets von je ca. 150 g, 1 große Orange, 1 Limette, 2 Kiwis (siehe auch Seite 136–141), 1 Avocado, 1 Eßl. Zitronensaft, 1 Dose Lychees (280 g Einwaage), 50 g Delikateßmayonnaise, 3 Eßl. Lycheesaft aus der Dose, 2 Eßl. Zitronensaft, 2 Eßl. Cognac oder Himbeergeist, Salz, grob geschroteter bunter Pfeffer.

Die Hähnchenbrustfilets häuten, dann in etwa 2 cm große Würfel schneiden.
Orange und Limette wie einen Apfel schälen, damit auch die weiße Innenhaut ganz entfernt wird. Aus beiden Früchten die Filets mit einem scharfen Messer aus den dünnen Innenhäuten lösen.
Die Kiwis schälen, längs halbieren und in dünne Scheiben schneiden.
Avocado auch schälen, halbieren, den Kern herauslösen und das Fruchtfleisch quer in etwa 5 mm dicke Scheiben schneiden. Rasch mit Zitronensaft mischen, damit sich das Fruchtfleisch nicht verfärbt. Die Avocadoscheiben sternförmig auf einer flachen Servierschale anrichten.
Die Lychees abtropfen lassen.
Aus Mayonnaise, Lycheesaft, Zitronensaft, Cognac oder Himbeergeist eine Soße rühren und mit Salz abschmecken. Die vorbereiteten Salatzutaten mit der Soße vermischen und auf den Avocadoscheiben anrichten. Reichlich grob geschroteten Pfeffer darüberstreuen.
Dazu frisch gerösteten Toast servieren und einen fruchtigen Rosé.
Hinweis: Besonders gut schmeckt der Salat natürlich mit frischen Lychees, die allerdings nur selten bei uns zu haben sind – und dann auch teuer sind! Wenn Sie den Salat dennoch mit frischen Früchten zubereiten wollen, müssen Sie den Saft in der Salatsoße durch frisch gepreßten Orangen- oder noch besser Mandarinensaft ersetzen.
Variationen: Statt mit Hähnchenfleisch kann man den Salat auch mit gebratenem Putenschnitzel oder Resten von Kalbsbraten bereiten.

Paprika-Orangen-Kiwi-Salat

4 Portionen à ca. 1080 kJ (260 kcal)

4 kleine gelbe Paprikaschoten, 2 rote Paprikaschoten, 1 Gemüsezwiebel, 2 große Orangen, 4 Kiwifrüchte, 3 Eßl. Rotweinessig, 1 Prise Zucker, 1 Prise Salz, 2 Eßl. Worcestersauce, 5 Eßl. kaltgepreßtes Olivenöl (Jungfernöl, Huile vierge).

Paprikaschoten längs vierteln, von Stengelansätzen und Samensträngen befreien, waschen, gründlich abtropfen lassen und in dünne Streifen schneiden.
Die geschälte Gemüsezwiebel in hauchdünne Scheiben schneiden und als Ringe auseinanderdrücken.
Orangen wie Äpfel dick schälen, so daß auch die pelzige Innenhaut abgeht. Die Filets dann mit einem scharfen Messer aus den Innenhäutchen schneiden.
Die Kiwifrüchte schälen, vierteln und in etwa 3 mm dicke Scheiben schneiden. Dann alles in eine Schüssel geben.
Rotweinessig, Zucker und Salz in einem Schälchen so lange verrühren, bis sich Zucker und Salz aufgelöst haben. Dann Worcestersauce und Olivenöl zufügen. Die Soße über den Salat gießen, gut durchmischen und 5 Minuten durchziehen lassen.
Eventuell mit etwas Salz und Worcestersauce nachwürzen.
Den Salat in eine Servierschale oder auf vier Portionsteller füllen und mit warmen Cocktail- oder Laugenbrötchen und gesalzener Butter servieren.

Paprika-Orangen-Kiwi-Salat

Pfirsich-Krabben-Salat

4 Portionen à ca. 1075 kJ (255 kcal)

200 g frische oder TK-Krabben oder Scampi, 3 vollreife Pfirsiche, 1 Eßl. Zitronensaft, 1 kleiner Radicchio, 1 Fenchelknolle, 1 kleiner Becher Crème fraîche (100 g), 1 Eßl. Delikateßmayonnaise, 1 Eßl. Himbeer- oder Sherryessig, Salz, 1 Prise Zucker, 1 Prise gemahlener Koriander, 1 Teel. eingelegte grüne Pfefferkörner.

Frische oder aufgetaute Krabben oder Scampi in einen Durchschlag geben und kurz kalt abbrausen, dann gut abtropfen lassen. Am besten noch auf Haushaltspapier ausbreiten.
Die Pfirsiche mit kochendem Wasser überbrühen, häuten, halbieren, entkernen und die Hälften in dünne Schnitze teilen. Rasch mit dem Zitronensaft vermischen, damit sie sich nicht verfärben.
Radicchio putzen, zerpflücken, waschen und trockenschwenken. Nur die großen Blätter längs halbieren.
Die Fenchelknolle putzen. Das Blattgrün abspülen, trockentupfen und zu Sträußchen zerpflükken. Die Knolle längs in dünne Scheiben schneiden.
Aus Crème fraîche, Mayonnaise und Essig eine Soße rühren, mit Salz, Zucker und Koriander abschmecken.
Eine flache Salatschale zuerst mit den Radichioblättern belegen, darauf abwechselnd die Pfirsichschnitze und Fenchelscheiben anrichten. Den Fenchel mit dem Grün garnieren. In die Mitte die Krabben oder Scampi häufen und alles mit der Soße überziehen. Mit den Pfefferkörnern bestreuen und rasch servieren.
Dazu ofenfrische Baguette und einen trockenen Weißwein reichen.
Ebenso können Sie **Nektarinen-Krabben-Salat** zubereiten. Allerdings brauchen die Nektarinen nicht abgezogen zu werden, da ihre Haut nicht pelzig ist wie die von Pfirsichen.

Pfirsich-Leber-Salat

4 Portionen à ca. 1425 kJ (340 kcal)

100 g frische Himbeeren, 1 cl Himbeergeist, 4 frische Pfirsiche, 1 Teel. Zitronensaft, 400 g Geflügelleber (von Hähnchen oder Enten), 1 kleiner Kopf Eichblattsalat, 4 Eßl. feinstes Speiseöl (Mandel-, Walnuß- oder Traubenkernöl), weißer Pfeffer aus der Mühle, Salz, 3 Eßl. Himbeeressig (ersatzweise sehr guter Rotweinessig), 2 Eßl. süße Sahne.

Himbeeren verlesen, nur wenn nötig waschen, abtropfen lassen und mit Haushaltspapier trockentupfen. In einem Schälchen, mit Himbeergeist beträufelt, zugedeckt beiseite stellen.
Die Pfirsiche mit kochendem Wasser überbrühen, häuten, halbieren, entsteinen und die Hälften in je 4 Schnitze teilen. Rasch mit Zitronensaft beträufeln, damit sie sich nicht braun verfärben.
Leber abspülen, von Häutchen und Sehnen befreien und in mundgerechte Stücke teilen.
Den Eichblattsalat zerpflücken, putzen, waschen und gut trockenschleudern. Auf vier Portionsteller verteilen.
2 Eßlöffel Öl in einer Pfanne erhitzen, die Leberstücke darin rundherum etwa 3 Minuten braten, bis sie Farbe genommen haben. Dabei mit Pfeffer bestreuen. Aus der Pfanne nehmen, leicht salzen und warm stellen. Einen weiteren Eßlöffel Öl in die Pfanne geben, erhitzen und die Pfirsichschnitze darin eben braun werden lassen. Herausnehmen und auch warm halten.
Den Bratfond mit 2 Eßlöffeln Essig und der Sahne ablöschen, einmal aufkochen lassen. Vom Herd nehmen, mit etwas Salz und Pfeffer abschmekken und die Leberstücke hineingeben.
Den Eichblattsalat mit dem restlichen Essig und Öl beträufeln, die Pfirsichstücke und die Leber mit der Soße darauf anrichten. Alles mit den Himbeeren garnieren. Den Himbeergeist darüberträufeln. Der Salat wird lauwarm serviert.
Als Beilage frische Baguette und Butter reichen.
Dazu schmeckt ein kühler Rosé oder ein fruchtiger, leichter Weißwein (z. B. Silvaner oder Ruländer).
Ebenso können Sie auch **Ananas-Leber-Salat** mit frischer Ananas zubereiten. Allerdings sollten Sie dann die Soße aus halbsteif geschlagener süßer Sahne zubereiten, die mit etwas Himbeeressig, Salz und Pfeffer gewürzt wird.

Auch wenn man für ein Gericht nur den Saft einer Zitrone benötigt, sollte man möglichst immer unbehandelte Zitronen kaufen. Die Schalen kann man reiben und mit Zucker vermischt in einem Schraubglas als spätere Kuchenwürze aufbewahren. Oder man schält sie hauchdünn in langen Streifen ab, hängt sie zum Trocknen an einen luftigen Ort und verwendet die Schale später für Fischsud, zur Verfeinerung von Ragouts, Gulasch oder Bratensoßen.

Granatapfelsalat

4 Portionen à ca. 1125 kJ (270 kcal)

2 gekochte oder gegrillte Hähnchenbrustfilets von je ca. 150 g, 1 großer Kopf Eichblattsalat, 2 Granatäpfel (siehe auch Seite 136–141), 2 Eßl. feinster Essig (am besten Himbeer- oder Cassisessig, ersatzweise guter Rotweinessig), 1 Teel. Zucker, 1 Prise Salz, 4 Eßl. feinstes Speiseöl (kaltgepreßtes Olivenöl, Walnuß- oder Haselnußöl), 1 rosa Grapefruit, 3 Eßl. Crème fraîche.

Von den gekochten Hähnchenbrustfilets die Haut abziehen, bei gegrillten kann sie am Fleisch bleiben. Das Fleisch schräg zur Faser in etwa 3 mm dicke Scheiben schneiden.
Den Eichblattsalat zerpflücken, waschen und gründlich trockenschleudern.
Einen Granatapfel mit den Fingern kräftig weichkneten, dann ein Loch in die Schale schneiden und den Saft herauspressen. Den Saft durch ein ganz feines Haarsieb gießen. Mit Essig, Zucker und Salz verrühren. Dann tropfenweise das Öl zufügen.
Eine Platte zuerst mit dem Eichblattsalat belegen und diesen mit gut der Hälfte der Soße beträufeln. Darauf die Fleischscheiben anrichten und mit der restlichen Soße beträufeln. 5 Minuten ziehen lassen.
In der Zwischenzeit die Grapefruit schälen, auch die weiße Haut abziehen. Die Segmente häuten und bergartig auf den Fleischscheiben anrichten.
Die Crème fraîche schaumig rühren und als dicken Klecks in die Mitte geben.
Den zweiten Granatapfel quer halbieren, mit der aufgeschnittenen Seite nach unten in einen tiefen Teller legen und mit einem Messerrücken oder einem Kochlöffelstiel kräftig daraufklopfen. Dann fallen die fruchtigen Kerne heraus, die hellen Zwischenhäute des Granatapfels sind nicht genießbar. Die Kerne über den Salat streuen und diesen rasch servieren.
Der Salat ist eine sehr delikate Vorspeise bei einem leichten Menü, bei dem als Hauptgang ein Fischgericht serviert wird. Oder man reicht ihn bei einem kleinen Abendessen zwischen

Suppe und üppigem Käsebrett. Als Getränk ist ein leichter, aber würziger Rosé geeignet.
Variationen: Rosa Grapefruits sind wesentlich milder im Geschmack als gelbfleischige. Wem sie aber dennoch zu säuerlich sind, ersetzt sie durch Orangen. Statt Hähnchenbrustfilet kann man übrigens auch Fasanenbrüstchen für den Salat nehmen.

Alexandra-Salat

4 Portionen à ca. 1340 kJ (320 kcal)

250 g dunkle Süßkirschen, 250 g helle Weintrauben, 1 rosa Grapefruit, 2 kleine Köpfe grüner Salat, 2 Stengel Bleichsellerie, 1 Becher dicke saure Sahne (20%), Saft und abgeriebene Schale einer unbehandelten Zitrone, 4 Eßl. Orangensaft, 1 Eßl. Weinbrand, Salz, Cayennepfeffer, 50 g grob gehackte Walnußkerne.

Kirschen und Weintrauben waschen und abtropfen lassen. Die Kirschen entstielen und entsteinen. Die Weinbeeren von den Stielen zupfen, halbieren und entkernen.
Grapefruit schälen, auch die pelzige Innenhaut entfernen. Die Frucht in Filets teilen, diese häuten und quer halbieren.
Salatköpfe putzen, so daß nur die hellen Innenblätter noch vorhanden sind. Salatblätter waschen, trockenschwenken und in mundgerechte Stücke zerteilen.
Den Bleichsellerie waschen und abtropfen lassen. Die Blättchen abschneiden und grobhakken, die Stiele in etwa 1 cm dicke Scheibchen schneiden. Mit den Salatblättern vermischen und in eine Servierschale füllen. Kirschen, Weinbeeren und Grapefruitstücke mischen und darüber verteilen.
Saure Sahne, Zitronenschale und -saft, Orangensaft und Weinbrand schaumig rühren. Mit Salz und Cayennepfeffer abschmecken und über den Salat gießen. Mit Walnüssen bestreut sofort servieren.
Dazu hauchdünnes Fladenbrot oder Pumpernickeltaler und Butter reichen.
Hinweis: Alexandra-Salat stammt aus der sogenannten „Klassischen Küche“ und wird ganz stilecht nur mit einer leichten Essig-Öl-Soße bereitet. Auch der Sellerie ist nicht „zwingend“ vorgeschrieben.

Kartoffel-Apfel-Salat

4 Portionen à ca. 2145 kJ (510 kcal)

500 g Salatkartoffeln, 1 Teel. Kümmel, 8 Eßl. Fleischbrühe, 8 Eßl. Kräuteressig, 150 g mild geräucherte, dünne Blutwurst, 1 Zwiebel, 1 Bund Schnittlauch, 8 Eßl. feines Speiseöl (Weizenkeim- oder Distelöl), ½ Teel. Senf, Salz, weißer Pfeffer aus der Mühle, 1 Prise Zucker, 400 g säuerliche Äpfel (Jonathan, Boskop), einige Borretschblätter oder 8 Stengel Petersilie.

Die gewaschenen Kartoffeln mit dem Kümmel als Pellkartoffeln kochen. Dann abgießen, abschrecken und rasch pellen. In Scheiben schneiden, in eine Schüssel geben und mit der heißen Fleischbrühe und 4 Eßlöffel Essig vermischen. Abkühlen lassen, danach sollte die Flüssigkeit von den Kartoffeln aufgesogen sein. Wenn nicht, müssen die Kartoffeln später abgegossen werden.
Die Blutwurst wenn nötig häuten, dann in hauchdünne Scheiben schneiden.
Die geschälte Zwiebel feinhacken.
Den abgespülten, trockengetupften Schnittlauch zu Röllchen schneiden.
Aus dem restlichen Essig, dem Öl und dem Senf eine Salatsoße rühren und mit Salz, Pfeffer und Zucker abschmecken.
Die Äpfel schälen, vierteln und von Kerngehäusen, Stengel- und Blütenansätzen befreien. Die Viertel dann in dünne Scheiben schneiden. Rasch mit den Kartoffelscheiben, dem Schnittlauch und ⅔ der Salatsoße vermischen. Auf eine Servierplatte schichten. Die Blutwurstscheiben darauf anrichten und mit der restlichen Salatsoße übergießen.
Borretschblätter oder Petersilie abspülen und trockentupfen. Die Borretschblätter feinstreifig schneiden, die Petersilie hacken. Zusammen mit der gehackten Zwiebel über den Salat streuen.
Den Salat vor einem deftigen Fisch- oder Fleischgericht servieren. Er schmeckt aber auch als Abendimbiß, dann sollte man dazu noch gebuttertes Vollkornbrot und ein kräftiges Bier servieren.

Fruchtsalat mit Pfeffer

Fruchtsalat mit Pfeffer

4 Portionen à ca. 1110 kJ (265 kcal)

250 g Erdbeeren, 1 kleine Honigmelone (ca. 250 g), 200 g gekochter Schinken ohne Fettrand, 1 kleiner Becher Crème fraîche (100 g), 2 Eßl. Zitronensaft, 1 Eßl. Walnuß- oder Traubenkernöl, ½ Teel. heller Honig, Salz, einige Kopfsalatblätter, 1 Teel. bunte Pfefferkörner.

Erdbeeren behutsam waschen, mit Haushaltspapier trockentupfen und die Stiele herausdrehen. Die Früchte halbieren.

Die Melone teilen. Mit einem Löffel die Kerne und das weiche Fruchtfleisch auskratzen, den überflüssigen Saft ablaufen lassen. Die Hälften schälen. Aus dem Fruchtfleisch mit einem Buntmesser etwa 2 cm große Scheiben und Stücke schneiden.

Den Schinken in feine Streifen schneiden.

Crème fraîche mit Zitronensaft, Öl und Honig schaumig rühren. Mit Salz abschmecken.

Die Salatblätter gründlich abspülen und trokkenschwenken. Dann eine flache Schale mit den Blättern auslegen.

Erdbeeren, Melonenstücke und Schinkenstreifen vermengen, auf die Salatblätter füllen.

Die Soße darübergießen und zwischen den Salat laufen lassen. Alles mit den Pfefferkörnern bestreuen.

Dazu gebutterten Toast servieren.

Eisberg-Trauben-Salat

4 Portionen à ca. 2075 kJ (495 kcal)

300 g Schweinefilet, weißer Pfeffer aus der Mühle, 20 g Butterschmalz, Salz, je 150 g blaue und helle Weintrauben, 4 Stengel Bleichsellerie, 2 Schalotten oder 1 kleine Zwiebel, 1 kleiner Kopf Eisbergsalat, 75 g Blauschimmelkäse (Bavariablu, Roquefort, Gorgonzola), 2 Eßl. Buttermilch, 1 kleiner Becher Crème fraîche (100 g), 1 Eßl. Sherry- oder Weinessig, 2 Eßl. feinstes Speiseöl (Traubenkern- oder Walnußöl), 20 g gehackte Walnüsse.

Schweinefilet wenn nötig häuten. Mit Haushaltspapier abtupfen und rundherum mit Pfeffer einreiben.

Butterschmalz in einem ovalen Bräter erhitzen und das Filet darin rundherum in 15 Minuten braten. Gut salzen und in Alufolie wickeln.

Die Weintrauben waschen, gründlich abtropfen lassen und die Beeren von den Stielen zupfen. Die Beeren halbieren und entkernen.

Bleichsellerie putzen, waschen, abtropfen lassen und dann in etwa 1 cm dicke Scheiben schneiden. Die Blätter ebenfalls waschen, abtropfen lassen und nur große Blätter in grobe Streifen schneiden, die kleinen von den Stielen zupfen.

Schalotten oder Zwiebel schälen und sehr fein hacken.

Den Eisbergsalat zerpflücken, waschen und trockenschleudern. Die Blätter mundgerecht zerpflücken.

Den Blauschimmelkäse mit einer Gabel zerdrücken, mit Buttermilch, Crème fraîche, Essig, Öl zu einer glatten Soße verrühren. Das geht besonders gut im Mixer oder mit dem Schneidstab des Handrührgeräts. Die Soße mit Salz und Pfeffer abschmecken.

Das Schweinefilet aus der Folie nehmen und schräg in etwa 5 mm dicke Scheiben schneiden. Dann blütenblattartig auf einer flachen Servierschale anrichten.

Eisbergsalat, Weinbeeren, Sellerie und Schalotten mit der Soße vermischen und bergartig auf dem Fleisch anrichten. Mit den Nüssen bestreuen und rasch servieren.

Dazu nur frisches Stangenweißbrot reichen. Als Getränk paßt ein leichter, spritziger Weißwein besonders gut (Müller-Thurgau, Gutedel).

Bratensaft von Fleisch, das für Salate verwendet wird, nicht weggießen, er ist eine gute Soßengrundlage für kurzgebratene Fleischstücke. Den Bratensaft mit etwas Wasser loskochen und in kleinen Gefrierdöschen einfrieren. Zur weiteren Verwendung wird er aufgetaut, zu dem jeweiligen Bratfond gegeben und mit Sahne oder Crème fraîche oder Butterflöckchen verfeinert.

Melonen-Cocktail

4 Portionen à ca. 1235 kJ (295 kcal)

2 große Ogen-Melonen, 4 Schalotten oder 2 kleine Zwiebeln, 1 Knoblauchzehe, 1 Bund gemischte Kräuter der Saison (ersatzweise 1 Päckchen gemischte TK-Kräuter), ½ unbehandelte Zitrone, 1 Becher süße Sahne (200 g), Salz, weißer Pfeffer aus der Mühle, 1 Prise Zucker, 1 cl Portwein.

Melonen über Nacht in den Kühlschrank legen. Am nächsten Tag quer halbieren. Das weiche Fruchtfleisch und die Kerne mit einem Löffel herausheben und wegwerfen. Das feste Fruchtfleisch mit einem Kugelausstecher auslösen.
Schalotten oder Zwiebeln und Knoblauchzehe schälen, Schalotten oder Zwiebeln feinhacken, Knoblauch durch die Presse drucken.
Die Kräuter abspülen, trockentupfen und feinhacken. (TK-Kräuter auftauen lassen.)
Von der abgespülten Zitrone die Schale abreiben, den Saft auspressen.
Die Sahne steifschlagen und mit Schalotten, Knoblauch, Kräutern und Zitronenschale vermischen. Mit Salz, Pfeffer, Zitronensaft, Zucker und Portwein abschmecken.
Melonenkugeln und Kräutersahne vermischen und in die Melonenhälften füllen. Rasch servieren.
Dazu ofenwarme Cocktailbrötchen reichen.

Zwetschensalat mit Käse

Zwetschensalat mit Käse

4 Portionen à ca. 1520 kJ (365 kcal)

250 g Zwetschen, 250 g helle Weintrauben, 1 kleine Zwiebel, 175 g pikanter Schnittkäse (mittelalter Gouda, Edamer), Saft einer Zitrone, Salz, Zucker, 1 Msp. Ingwerpulver, 3 Eßl. Walnußöl, einige Kopfsalatblätter, 20 g Pinienkerne.

Zwetschen und Trauben waschen und mit Haushaltspapier trockentupfen. Aus den Zwetschen die Steine entfernen, die Früchte je nach Größe halbieren oder vierteln.
Weinbeeren von den Stielen zupfen, halbieren und die Kerne entfernen.
Die Zwiebel schälen und feinwürfeln.
Den Käse in 2 cm lange dünne Stifte schneiden.
Zitronensaft in eine Schüssel gießen und mit je 1 Prise Zucker und Salz verrühren. Dann mit Ingwerpulver und Walnußöl vermischen.
Die Kopfsalatblätter gut abspülen, trockenschwenken und eine Servierschale damit auskleiden.
Zwetschen, Weinbeeren, Käse und Zwiebelwürfel vermengen, auf den Salatblättern anrichten und die Soße darübergießen. Mit Pinienkernen bestreuen.
Dazu eiskalten Slibowitz und gebuttertes Schwarzbrot reichen.

Melonen-Käse-Cocktail mit Schinken

4 Portionen à ca. 2005 kJ (480 kcal)

2 Ogen- oder Galia-Melonen, 6 cl trockener Sherry (Fino), 200 g mittelalter Gouda- oder Edamer Käse, 150 g rote Johannisbeeren, 1 Eßl. Sherryessig, 2 Eßl. Mandel- oder Walnußöl, ½ Teel. Zucker, Salz, schwarzer Pfeffer aus der Mühle, 100 g Parmaschinken, in hauchdünne Scheiben geschnitten.

Melonen halbieren. Die Kerne und das weiche Fruchtfleisch mit einem Löffel herausheben. Das feste Fruchtfleisch mit einem Kugelausstecher herauslösen. Die Melonenkugeln mit dem Sherry mischen, in die Melonenhälften füllen. Mit Klarsichtfolie abdecken und für etwa 2 Stunden in den Kühlschrank stellen.

Den Käse in etwa 2 cm große Würfel schneiden. Johannisbeeren waschen, gut abtropfen lassen und die Beeren von den Rispen lösen.

Die Melonenkugeln auf einem Sieb abtropfen lassen, dabei die Flüssigkeit auffangen. Dann mit Sherryessig, Mandel- oder Walnußöl, Zukker, etwas Salz und Pfeffer verrühren.

Melonenkugeln, Käse und Johannisbeeren mischen und in die Melonenhälften füllen. Mit der Soße übergießen. Die Melonenhälften auf einer Servierplatte oder auf Portionstellern anrichten. Den Schinken zu Röllchen formen und um die Melonenhälften legen.

Dazu frisch geröstetes Toastbrot, Butter und trockenen Sherry (Fino) reichen.

Der Melonen-Käse-Cocktail kann als Vorspeise oder als kleiner, festlicher Abendimbiß serviert werden. Dann sollte man jedoch vorher noch eine delikate Suppe (z. B. klare Ochsenschwanzsuppe oder eine echte Terlaner Weinsuppe, siehe burda-Kochbuch K 203 „Schnelle Küche") anbieten.

Variation: Der Salat bekommt eine besonders frische Geschmacksnote, wenn Sie die Soße noch mit einigen frischen gehackten Minze- oder Zitronenmelisseblättchen würzen.

Geflügel-Frucht-Salat

4 Portionen à ca. 1965 kJ (470 kcal)

*1 gegrilltes Hähnchen (ca. 800 g),
1 Chicoréestaude, 2 kleine Radicchioköpfe,
1 Orange, 1 kleine rosa Grapefruit,
1 säuerlicher Apfel (Boskop, Berlepsch),
1 Becher Crème fraîche (200 g),
1 Eßl. Sherryessig, Salz,
3 Wacholderbeeren, 1 Eßl. grüne
Pfefferkörner.*

Von dem Grillhähnchen die Haut abziehen. Das Fleisch in möglichst großen Stücken von den Knochen ablösen. Nur die Bruststücke einmal längs und einmal quer halbieren.

Die Chicoréestaude putzen, den harten Kern herausschneiden und die Staude quer in etwa 5 mm dicke Streifen schneiden.

Den Radicchio ebenfalls putzen, die Blätter ablösen, waschen, gründlich abtropfen lassen oder trockenschleudern.

Orange und Grapefruit schälen, auch die weißen, pelzigen Innenhäute abziehen. Beide Früchte in Segmente teilen und die Segmente häuten.

Den Apfel in Achtel schneiden, von Blüten- und Stengelansatz und dem Kerngehäuse befreien. Die Apfelachtel dann quer in etwa 3 mm dicke Scheiben schneiden. Salat und Früchte miteinander mischen und in eine Servierschale füllen. Darauf die Fleischstücke anrichten.

Crème fraîche mit Sherryessig schaumig aufschlagen und mit Salz pikant abschmecken.

Die Wacholderbeeren zerdrücken und zusammen mit den grünen Pfefferkörnern unter die Soße heben. Die Soße über den Salat geben, jedoch nicht untermischen.

Dazu schmeckt am besten frisches Stangenweißbrot oder auch Nußbrot mit etwas Butter. Als Getränk kann man sowohl einen kühlen Rosé als auch einen etwas lieblicheren Weißwein oder einen trockenen Sherry (Fino) servieren.

Melonensalat mit Baumtomaten

4 Portionen à ca. 915 kJ (220 kcal)

*1 große Ogen- oder Galia-Melone,
2 Stangen Bleichsellerie, 4 Baumtomaten
(siehe auch Seite 136–141),
2 Schalotten oder 1 kleine Zwiebel,
3 Eßl. Zitronensaft, 4 Eßl. feinstes Öl
(z. B. Walnuß- oder Traubenkernöl),
3 Eßl. süße Sahne, Salz, weißer Pfeffer aus
der Mühle, 1 säuerlicher Apfel.*

Melonen halbieren. Das weiche Fruchtfleisch und die Kerne mit einem Löffel herausheben und wegwerfen. Die Melonenhälften in je 6 Spalten schneiden. Das feste Fruchtfleisch von den Schalen lösen, dann würfeln.

Den Bleichsellerie putzen, die Blätter abspülen, trockentupfen und nicht zu fein hacken. Die Stangen längs einmal durchschneiden, dann auch würfeln.

Baumtomaten kurz in kochendes Wasser tauchen, kalt abschrecken, häuten und längs in Viertel schneiden.

Schalotten oder Zwiebel schälen und sehr fein hacken.

Aus Zitronensaft, Öl und Sahne eine Soße rühren und pikant mit Salz und Pfeffer abschmecken.

Den Apfel vierteln, schälen, entkernen und von Stengel- und Blütenansatz befreien. Die Apfelviertel in dünne Scheiben schneiden.

Alle Salatzutaten rasch mit der Soße vermischen. Etwa 5 Minuten durchziehen lassen, dann eventuell mit Salz und etwas Zitronensaft nachwürzen und servieren.

Dazu Walnußbrot oder ganz zartes Knäckebrot und Butter reichen.

Hinweis: Die Baumtomate oder Tamarillo ist die Frucht des Tomatenbaumes und gehört zu den Nachtschattengewächsen. Sie wird in fast allen tropischen und subtropischen Ländern angebaut und von Südamerika, Afrika, Indonesien, Sri Lanka, Neuseeland und Australien exportiert. Die Früchte hängen meist zu dritt traubenähnlich an langen Stielen und sind orange- bis scharlachrot. Die Baumtomate ist vitaminreich, saftig, sie schmeckt herb-süß und hat ein aprikosenähnliches Aroma. Die Schale ist bitter und sollte stets entfernt werden, bevor die Tomaten dann roh für Obstsalate und Eisdesserts verwendet oder zu Konfitüre weiterverarbeitet werden.

Fleisch und Fisch, so leck

Ob einfach oder anspruchsvoll,
ob blitzschnell oder
aufwendig zubereitet –
immer ist es
ein Genuß

wie nie

Ente mit Trauben
Rezept nächste Seite

Ente mit Trauben

(Foto Seite 42/43)

4 Portionen à ca. 5455 kJ (1305 kcal)

1 küchenfertige Ente von ca. 1800 g, 1 Teel. Ingwerpulver, 1 Teel. Salz, 20 g Butterschmalz, 300 g grüne oder blaue Trauben, 75 g Mandeln, 10 g Butter, 1/8 l Wasser, 1/8 l trockener Weißwein, 1 Becher süße Sahne (200 g), 1 unbehandelte Orange, weißer Pfeffer aus der Mühle, 2 cl Cognac oder Weinbrand.

Ente innen und außen abspülen und gründlich mit Haushaltspapier abtrocknen. Ingwer und Salz mischen und die Ente damit kräftig einreiben.

Das Butterschmalz in einem großen Bräter erhitzen und die Ente darin rundherum in etwa 10 Minuten anbraten. Dann in den auf 200° (Gas Stufe 3) vorgeheizten Backofen schieben und mit der Brustseite nach oben 20 Min. braten.

Die Ente herausnehmen, die Brustfilets ablösen, getrennt voneinander in Alufolie wickeln und warm stellen. Die Ente mit dem Rücken nach oben wieder in den Bräter legen und für weitere 5 Minuten in den Ofen stellen, damit auch die Keulen gar werden.

Noch während die Ente brät, die Trauben waschen, abtropfen lassen und die Beeren von den Stielen zupfen. Die Beeren halbieren und entkernen.

Die Mandeln mit kochendem Wasser begießen, kurz ziehen lassen, dann häuten und abtrocknen. Die Butter in einer Pfanne erhitzen und die Mandeln darin unter häufigem Wenden goldgelb rösten.

Die Ente aus dem Bräter nehmen, die Keulen abtrennen (den Rest des Entenfleischs anderweitig verwenden) und zugedeckt ebenfalls warm stellen.

Den Bratenfond entfetten, dann mit dem Wasser zum Kochen bringen. Durch ein Sieb streichen, mit dem Weißwein und der Hälfte der süßen Sahne verrühren, aufkochen und um etwa 1/4 einkochen lassen.

In der Zwischenzeit die restliche Sahne steifschlagen.

Die Orange heiß abspülen, abtrocknen und die Schale abreiben oder mit dem Julienne-Kratzer ablösen. Die Soße mit der Schlagsahne, den Trauben und der Orangenschale vermischen, mit Salz, Pfeffer und Cognac oder Weinbrand abschmecken.

Die Entenbrust und die von den Knochen gelösten Keulen in Scheiben schneiden und dachziegelartig auf einer tiefen Platte anrichten, mit einem Teil der Soße überziehen und mit den Mandeln bestreuen. Die restliche Soße getrennt reichen.

Dazu schmecken Bandnudeln und junges Zartgemüse wie Zuckerschoten, Prinzeßböhnchen, Brokkoliröschen oder kleine Erbsen. Als Getränk ist ein kühler, trockener Rosé zu empfehlen.

Rehragout mit Mirabellen

4 Portionen à ca. 2370 kJ (565 kcal)

800 g Rehfleisch zum Schmoren, 200 g kleine Zwiebeln, 30 g Butterschmalz oder 3 Eßl. feinstes Olivenöl (Jungfernöl, Huile vierge), Salz, weißer Pfeffer aus der Mühle, 1 Prise gemahlener Zimt, 1 Prise gemahlener Koriander und Piment, 3/8 l leichter Rotwein, 50 g Korinthen, 500 g reife Mirabellen, 1 kleiner Becher Crème fraîche (100 g).

Das Rehfleisch wenn nötig häuten, dann in etwa 3 cm große Würfel schneiden.

Die Zwiebeln schälen und im Ganzen lassen.

Butterschmalz oder Öl in einem Topf erhitzen, zuerst die Zwiebeln darin rundherum braun anbraten, dann herausnehmen und das Fleisch bei starker Hitze anbraten. Mit Salz, Pfeffer, Zimt, Koriander und Piment würzen. Die Zwiebeln wieder zufügen und etwas Rotwein angießen. Das Ragout bei nicht zu starker Hitze etwa 90 Minuten schmoren lassen. Dabei nach und nach den restlichen Rotwein zufügen. Zum Ende der Garzeit soll er bis auf knapp 1/4 l eingekocht sein.

Die Korinthen in lauwarmem Wasser waschen, abtropfen lassen und nach 60 Minuten in das Ragout geben.

Mirabellen waschen, abtropfen lassen und ent-

steinen. 15 Minuten vor Ende der Schmorzeit zu dem Fleisch geben.
Das fertige Ragout mit der Crème fraîche vermischen, mit Salz, Pfeffer und Koriander nachwürzen.
Dazu Feldsalat oder Chicorée in einer leichten Joghurt-Orangensaft-Marinade und Spätzle oder Bandnudeln servieren. Als Getränk den gleichen Rotwein reichen, der auch zum Kochen verwendet wurde.
Ebenso können Sie **Hirschragout** oder **Lammragout mit Mirabellen** bereiten. Man kann die Mirabellen auch durch Aprikosen oder Reineclauden ersetzen.

Filetsteaks mit Kirschsoße

4 Portionen à ca. 1840 kJ (440 kcal)

4 Filetsteaks von je ca. 180 g, 2 Eßl. Weizenkeimöl, grob geschroteter schwarzer Pfeffer, 500 g dunkle Sauerkirschen, 1/8 l Rotwein, 1/4 Zimtstange, 2 Gewürznelken, 1 Prise Ingwer, 1 Eßl. Zucker, 1 Teel. Speisestärke, 20 g Butterschmalz, Salz, 4 cl Cognac oder Weinbrand.

Die Filetsteaks mit Haushaltspapier abreiben, mit Öl einpinseln und mit Pfeffer würzen. Öl und Pfeffer in das Fleisch einmassieren. Das Fleisch mit Folie bedeckt beiseite stellen.
Kirschen entstielen, waschen, abtropfen lassen und entsteinen.
Rotwein mit Zimtstange, Nelken, Ingwer und Zucker aufkochen, die Kirschen hineingeben und zugedeckt 5 Minuten dünsten lassen. Dann die Zimtstange und die Nelken entfernen. Von dem Kochsud 5 Eßlöffel abnehmen und beiseite stellen.
Die Speisestärke mit etwas Wasser glattrühren, in die Kirschsoße geben und diese noch einmal aufkochen lassen. Dann warm halten.
Eine beschichtete Pfanne trocken erhitzen und die Steaks darin auf jeder Seite 30 Sekunden anbraten, dann herausnehmen. Das Butterschmalz in der Pfanne rauchheiß werden lassen. Die Steaks auf jeder Seite 2 Minuten scharf anbraten, dann bei ganz schwacher Hitze pro Seite noch 2 Minuten braten. Das Fleisch aus der Pfanne nehmen und salzen.
Etwas Bratfett abschöpfen, den Bratensatz mit dem Kirschsud loskochen und in die Kirschsoße rühren.
Die Filets auf vorgewärmten Tellern anrichten und mit etwas Soße umgießen. Den Cognac oder Weinbrand in einer Kelle über einer Kerze erwärmen, dann anzünden und brennend über die Steaks gießen. Sofort auftragen. Die restliche Soße getrennt reichen.
Dazu Chicorée-Salat in einer leichten Sahnesoße und Stangenweißbrot oder Bandnudeln servieren. Als Getränk ist ein vollmundiger Rotwein angebracht.

Filetsteak mit Kirschsoße

Bei Steaks ist es wichtig, daß sie bei großer Hitze angebraten werden, damit sich die Poren rasch schließen und der Fleischsaft nicht mehr austreten kann. Zum Nachbraten ist dann nur geringe Hitze notwendig. Elektroplatten lassen sich aber nicht so leicht regulieren wie eine Gasflamme, weil sie eine starke Speicherhitze haben. Wenn man die Steaks aber in einer hochwertigen Pfanne mit dickem Edelstahlboden brät, kann man diese nach dem Anbraten von der Herdplatte ziehen: Der Boden hat auch dann noch genug Eigenwärme, um das Fleisch mit der zum Nachbraten notwendigen Hitze zu versorgen.

Schweinefilet mit Erdbeer-Pfeffer-Soße

4 Portionen à ca. 1930 kJ (460 kcal)

4 Schweinefilets von je ca. 180 g, weißer Pfeffer aus der Mühle, 30 g Butterschmalz, Salz, 250 g frische oder TK-Erdbeeren, 1 Eßl. Zucker, 1 cl trockener Weißwein, 3 Eßl. süße Sahne, 1 Eßl. eingelegte grüne Pfefferkörner.

Schweinefiletstücke kurz abspülen, trockentupfen und wenn nötig häuten. Den Pfeffer kräftig einmassieren.
Das Butterschmalz in einer Pfanne sehr heiß werden lassen, die Hitze dann bei einer Elektroplatte sofort reduzieren. Die Filets rundherum kräftig anbraten und in etwa 8 Minuten langsam zu Ende braten. (Bei Gas die Flamme erst nach dem Anbraten kleiner drehen.) Die Filets herausnehmen, salzen, in Alufolie wickeln und warm stellen.
Den Fond mit dem Wein loskochen, eventuell etwas entfetten.
Die Erdbeeren waschen, gut abtropfen lassen und die Stiele herausdrehen. TK-Erdbeeren auftauen lassen. Die Früchte im Mixer oder mit dem Schneidstab des Handrührgeräts pürieren.
Den Zucker in eine Pfanne geben und bei nicht zu starker Hitze unter Rühren karamelisieren lassen. Dann mit der Wein-Bratfond-Mischung verrühren und bei starker Hitze um die Hälfte einkochen lassen. Das Erdbeerpüree und die Sahne zufügen und alles noch einmal bis kurz vor dem Kochen erhitzen. Die Pfefferkörner einrühren und die Soße eventuell mit etwas Salz nachwürzen.
Die Schweinefilets auswickeln. Wer mag, kann den ausgetretenen Fleischsaft noch in die Soße rühren. Das Fleisch schräg in etwa 2 cm dicke Scheiben schneiden und auf vorgewärmten Tellern anrichten. Mit der Soße überziehen.
Dazu Schwarzwurzeln oder gedünstete Bleichselleriestangen und selbstgemachte Spätzle (siehe burda-Kochbuch K 131 „1001 Nudel") servieren.

Schweinefilet mit Äpfeln

4 Portionen à ca. 2160 kJ (515 kcal)

600 g Schweinefilet, weißer Pfeffer aus der Mühle, Curry, 30 g Butterschmalz, Salz, 4 kleine Zwiebeln, 2 säuerliche Äpfel (Boskop, Jonathan), 30 g Butter oder Margarine, 1/8 l Wasser, 1/8 l trockener Weißwein, 100 g Doppelrahmfrischkäse, 1 Prise Zucker, 1 Msp. gemahlener Zimt.

Das Fleisch wenn nötig häuten. Dann in acht 75 g schwere Scheiben schneiden und mit dem Handballen in gleichdicke Scheiben drücken. Mit Pfeffer und Curry würzen und die Gewürze gut einmassieren.
Butterschmalz in einer großen Pfanne sehr stark erhitzen und die Fleischscheiben darin auf jeder Seite 1 Minute kräftig anbraten. Herausnehmen und etwas abkühlen lassen, dann erst mit Salz würzen.
Die Zwiebeln schälen und in dünne Scheiben schneiden.
Äpfel waschen, abtrocknen und mit dem Kernausstecher das Kerngehäuse entfernen. Die Äpfel quer halbieren und von jeder Hälfte zwei 1 cm dicke Scheiben abschneiden. (Die übrigen Apfelstücke anderweitig verwenden.)
Butter oder Margarine zu dem Bratfett geben, erhitzen und Zwiebel- und Apfelscheiben darin ganz kurz anbraten. Dann herausnehmen.
Den Bratfond mit dem Wasser loskochen und durch ein Sieb in einen kleinen Topf gießen. Mit dem Wein und dem in Würfel geschnittenen Doppelrahmfrischkäse unter Rühren so lange erwärmen, bis sich eine glatte Soße gebildet hat. Die Soße pikant mit Salz, Curry und etwas Zucker abschmecken.
Etwa 1/4 der Soße in eine schmale, längliche feuerfeste Form geben. Die Filetscheiben abwechselnd mit den Apfelscheiben wie zu einem ganzen Filet hineinsetzen. Mit den Zwiebeln bedecken und mit der restlichen Soße übergießen. Nach Belieben noch mit etwas Pfeffer übermahlen. Die Form mit Alufolie abdecken, und die Folie mit einem Holzstäbchen einige Male einstechen. Die Form in den auf 220° (Gas Stufe 3) vorgeheizten Backofen schieben und das Filet in 20 Minuten fertig garen. Die Folie abnehmen und das Gericht in der Form servieren.
Dazu schmecken körnig gekochter Reis, Feldsalat und Mango-Chutney.

Filetsteak mit Aprikosensoße

Filetsteaks mit Aprikosensoße

4 Portionen à ca. 2120 kJ (505 kcal)

4 Rinderfiletsteaks von je ca. 180 g, 2 Teel. Speiseöl, grob geschroteter schwarzer Pfeffer, 375 g reife Aprikosen, 50 g Butter, 25 g Puderzucker, 1 Msp. Nelkenpulver, 4 Eßl. Wein, 20 g Butterschmalz, Salz, 2 cl Aprikosenschnaps (ersatzweise Birnengeist), 4 Eßl. süße Sahne.

Die Rinderfilets rund binden, mit Haushaltspapier abreiben, dann das Öl und reichlich Pfeffer mit den Fingern in das Fleisch einmassieren. Das Fleisch mit Folie bedeckt ziehen lassen.

Aprikosen mit kochendem Wasser überbrühen, häuten, halbieren, entsteinen, dann noch mal längs durchschneiden.

Die Butter in einem flachen Stieltopf schmelzen lassen, den Puderzucker hineingeben und unter Rühren auflösen. Nun die Aprikosen, das Nelkenpulver und den Wein zufügen und alles bei mittlerer Hitze so lange köcheln lassen, bis die Aprikosen fast weich sind.

Nebenher das Butterschmalz in einer großen, schweren Pfanne erhitzen und die Filetsteaks darin auf jeder Seite etwa 4 Minuten kräftig braten, dann sind sie außen knusprig braun, innen jedoch noch leicht rosa. Das Fleisch erst nach dem Braten mit Salz würzen.

Die Aprikosensoße mit Schnaps und Sahne verrühren, erhitzen, jedoch nicht mehr kochen lassen. Mit etwas Salz abschmecken.

Die Filetsteaks auf vorgewärmten Tellern anrichten und mit der Soße umgießen.

Dazu Pommes Dauphine (Kartoffeln Kronprinzessinart, siehe burda-Kochbuch K 207 ,,Klassische Küche auf neue Art") und einen Salat von Kopfsalatherzen servieren. Als Getränk einen leichten, trockenen Rotwein oder einen kühlen Rosé reichen.

Hacksteak „Hawaii“

Hacksteaks „Hawaii“

4 Portionen à ca. 2140 kJ (510 kcal)

4 Ananasscheiben aus der Dose, 200 g Sauerkirschen aus dem Glas, 400 g Rinderhackfleisch, 1 Ei, 1 Eigelb, Salz, schwarzer Pfeffer aus der Mühle, 1 Prise geriebene Muskatnuß, 1 Prise Zucker, 20 g Butter oder Margarine, 2 Teel. Speisestärke, gut 1/8 l trockener Weißwein, 1 kleiner Becher Crème fraîche (100 g), 1 Eßl. grüne Pfefferkörner, Worcestersauce.

Ananas und Sauerkirschen in einem Sieb abtropfen lassen.
Das Rinderhack mit Ei und Eigelb verkneten und das Fleisch pikant mit Salz, Pfeffer und Muskat würzen. Zucker zufügen und alle Gewürze gut in den Fleischteig einarbeiten.
Butter oder Margarine in einer Pfanne erhitzen. Aus dem Hackteig 4 flache Steaks in Größe der Ananasscheiben formen und in der heißen Butter auf beiden Seiten in 6 bis 8 Minuten braun braten. Aus dem Fett nehmen und warm stellen.
Ananasscheiben und Kirschen kurz im Bratfett heiß werden lassen. Steaks auf vorgewärmte Teller legen, je eine Ananasscheibe und Kirschen daraufgeben. Wieder warm stellen.
Die Speisestärke mit etwas Wein glattrühren.
Das Bratfett mit Wein und Sahne ablöschen und mit der angerührten Stärke binden, einmal aufkochen lassen. Dann die Pfefferkörner hineingeben, die Soße mit Worcestersauce abschmecken, um die Hacksteaks gießen und diese sofort servieren.
Dazu ofenfrische Baguette und Feldsalat in einer leichten Sahnesoße reichen.

Blutwurst-Apfel-Pfanne

4 Portionen à ca. 2790 kJ (665 kcal)

3 Boskopäpfel, 30 g Butter oder Margarine, 2 Zwiebeln, 500 g mild geräucherte, dünne Blutwurst (Schwarzwurst), 1/8 l naturtrüber Apfelsaft oder Cidre (französischer Apfelwein) oder Apfelmost, 1 Teel. frisch gehackte Majoranblättchen (ersatzweise 1 Msp. gerebelter Majoran), schwarzer Pfeffer aus der Mühle, Salz.

Äpfel waschen, abtrocknen, vierteln, entkernen, von Blüten- und Stengelansätzen befreien und in 5 mm dicke Scheiben schneiden. Zwiebeln schälen und in dünne Ringe schneiden.
20 g Butter oder Margarine in einer großen Pfanne erhitzen und die Apfelstücke darin auf beiden Seiten braun anbraten, aber nicht zu weich werden lassen. Dann herausnehmen.
Das restliche Fett in die Pfanne geben und die Zwiebeln darin goldgelb braten. Ebenfalls aus der Pfanne nehmen.
Die Blutwurst wenn nötig pellen, in etwa 1 cm dicke Scheiben schneiden und in der Pfanne auf beiden Seiten eben bräunen lassen. Dann mit Apfelsaft, Cidre oder Apfelmost begießen. Mit Majoran bestreuen und kräftig mit Pfeffer übermahlen. Darauf die Apfelstücke legen und darüber die Zwiebelringe verteilen. Die Zwiebeln ganz schwach salzen. Die Pfanne zudecken und alles bei ganz milder Hitze noch 5 Minuten mehr dünsten als braten lassen. Das Gericht in der Pfanne zu Tisch bringen.
Dazu schmecken Kartoffelpüree und ein kräftiger Endiviensalat in einer Zwiebel-Vinaigrette. Als Getränk Cidre oder Apfelmost reichen.

Überbackene Lammfrikadellen

4 Portionen à ca. 2920 kJ (695 kcal)

500 g Lammfleisch aus der Keule, 1 altbackenes Brötchen, 1 Bund Petersilie, 2 Zwiebeln, 2 Knoblauchzehen, 2 Eier, Salz, schwarzer Pfeffer aus der Mühle, 1 Prise gerebelter Thymian, Paprika edelsüß, 6 Eßl. Semmelbrösel, 6 Eßl. Öl, 100 g weißer Schafskäse, 4 Eßl. saure Sahne, 3 Kiwis.

Das Lammfleisch abspülen, trockentupfen und wenn nötig von Häuten und Sehnen befreien.
Das Brötchen abreiben, dann halbieren und in kaltem Wasser einweichen.
Petersilie abspülen, trockenschwenken, die harten Stiele abschneiden und wegwerfen.
Zwiebeln und Knoblauchzehen schälen.
Das Brötchen gut ausdrücken.
Alles durch die feine Scheibe des Fleischwolfs drehen oder im Mixer zerkleinern.
Die Masse mit den Eiern vermischen, mit Salz, Pfeffer, Thymian und Paprika pikant würzen.
Aus dem Fleischteig 12 Frikadellen formen und in den Semmelbröseln wenden.
Das Öl in einer großen Pfanne erhitzen und die Frikadellen darin auf jeder Seite knusprig braun braten.
Nebenher den Schafskäse mit einer Gabel fein zerdrücken und mit der sauren Sahne vermischen. Jede Frikadelle mit einem großen Klecks der Mischung bedecken und unter den vorgeheizten Grill schieben. So lange überbacken, bis die Käsemischung eben zu zerlaufen beginnt.

Überbackene Lammfrikadellen

In der Zwischenzeit die Kiwis schälen und in 12 Scheiben schneiden. Jede Frikadelle mit einer Kiwischeibe bedecken und servieren.
Dazu frisches Bauernbrot oder Stangenweißbrot und einen Salat aus Weißkohl oder Chinakohl in einer kräftigen Vinaigrette reichen.

Schinken mit Kirschsoße

4 Portionen à ca. 2045 kJ (490 kcal)

500 g dunkle Sauerkirschen, ¼ l deutscher Spätburgunder, 50 g Zucker, 1 Stange Zimt, 4 Gewürznelken, 1 Stück frischer oder getrockneter Ingwer, 4 Scheiben gekochter Vorderschinken von je ca. 150 g, 1 Eßl. feinstes Speiseöl (Distel-, Traubenkernöl), schwarzer Pfeffer aus der Mühle, 1 Eßl. Speisestärke, Salz.

Die Kirschen entstielen, waschen, abtropfen lassen und entsteinen. Mit dem Burgunder in einen Topf geben, den Zucker zufügen.
Die zweimal gebrochene Zimtstange, die Nelken und den in dünne Scheiben geschnittenen Ingwer in einen Mullbeutel oder eine Filtertüte geben. Den Mullbeutel zubinden, die Filtertüte zuknipsen und auch in den Topf geben. Alles zum Kochen bringen und 5 Minuten leise köcheln lassen.
Nebenher den Schinken mit dem Öl einpinseln, mit Pfeffer kräftig würzen. Unter den vorgeheizten Grill schieben und auf jeder Seite 3 Minuten grillen, bis die Oberseite eben zu bräunen beginnt.
Den Mullbeutel aus der Kirschsoße nehmen. Die Speisestärke mit etwas Wasser glattrühren, in die Soße rühren und alles noch einmal kurz aufkochen lassen. Die Soße nach Belieben mit etwas Salz abschmecken.
Schinkenscheiben auf einer vorgewärmten Platte anrichten und mit etwas Soße überziehen, die restliche Soße getrennt dazu reichen.
Als Beilage selbstgemachte Bandnudeln oder Spätzle (siehe burda-Kochbuch K 131 „1001 Nudel") reichen und einen Radicchiosalat in leichter Rotweinessig-Öl-Marinade mit gehackten Schalotten. Das passende Getränk ist der Rotwein, mit dem auch die Soße bereitet wurde.
Hinweis: Die Kirschsoße paßt außerdem zu Wildschweinrücken oder Wildschweinkoteletts und zu Rinderschmorbraten.

Lammrücken mit Fruchtpüree

4 Portionen à ca. 2840 kJ (680 kcal)

800 g entbeinter Lammrücken (Lendenkotelettstück), 1 Bund gemischte Kräuter (ersatzweise 1 Pckg. gemischte TK-Kräuter), 1 Prise gemahlener Ingwer, Salz, schwarzer Pfeffer aus der Mühle, 20 g Butterschmalz, 1 kleine frische Ananas (ca. 1000 g), 200 g helle Weintrauben, 2 cl weißer Rum oder Weinbrand, einige Tropfen Worcestersauce, einige Tropfen Tabascosauce, 1 Msp. gemahlener Koriander, 1/8 l Fleischbrühe.

Den Lammrücken kurz unter kaltem Wasser abspülen und mit Haushaltspapier trockentupfen.
Die Kräuter abspülen, trockenschwenken und hacken (TK-Kräuter auftauen lassen). Die Kräuter mit Ingwer, Salz und Pfeffer vermischen und das Fleisch damit einstreichen. Dann zusammendrücken und mit Rouladengarn in Form binden.
Butterschmalz in einem Bräter erhitzen, das Fleisch darin rundherum anbraten, dann den Bräter in den auf 200° (Gas Stufe 3) vorgeheizten Backofen schieben und das Fleisch noch 30 Minuten braten.
In der Zwischenzeit die Ananas von der Blattkrone und dem Stengelansatz befreien, großzügig schälen und die „Augen" mit einem spitzen Messer herausschneiden. Die Frucht vierteln, den harten Innenkern entfernen und das Fruchtfleisch grobwürfeln.
Die Weintrauben waschen, abtropfen lassen und die Beeren von den Stielen zupfen. Die Beeren halbieren und entkernen. Zusammen mit den Ananaswürfeln in den Mixer geben und pürieren, dabei langsam den Rum oder Weinbrand einlaufen lassen. Das Püree mit Worcester- und Tabascosauce und Koriander würzen.
Nach 15 Minuten Bratzeit das Fleisch mit einem Teil des Pürees bestreichen.
Den Braten aus dem Bräter nehmen und auf einer Platte warm stellen. Den Fond mit der Fleischbrühe loskochen und mit etwas Püree zu einer sämigen Soße verrühren.
Das Fleisch in etwa 3 cm dicke Scheiben schneiden. Die Soße und das restliche Püree getrennt dazu reichen.
Als Beilagen schmecken dazu Bandnudeln oder Reis, Brokkoli oder feine Rübchen (Teltower).
Als Getränk einen kühlen Rosé servieren.
Ebenso kann **Schweinefilet mit Fruchtpüree** zubereitet werden. Dann beträgt die Garzeit jedoch nur etwa 25 Minuten.
Sehr gut schmeckt auch entbeinter **Kalbsrükken mit Fruchtpüree.** Hier ist die Garzeit jedoch länger und von der Höhe des Fleischstücks abhängig. In diesem Fall empfiehlt sich die Verwendung eines Fleischthermometers.

Für besonders gute Soßen von zartem Fleisch, das selber während des Garens wenig Saft abgibt, braucht man häufig geringe Mengen von Fleischbrühe. Ebenso, um Braten damit zu umgießen. Selbstverständlich ist in einem solchen Fall eine selbstgekochte Brühe stets besser als eine aus Würfeln oder Instant-Mischungen.
Darum sollte man immer dann, wenn man eine gute Bouillon für eine Suppe kocht, ein wenig mehr zubereiten. Diese zusätzliche Menge läßt man im Eiswürfelbereiter gefrieren und gibt dann die Würfel in eine Gefrierdose oder in einen Gefrierbeutel, dem man dann stets die gewünschte Menge entnehmen kann.
Wer häufig große Braten bereitet, die zum Schmoren Brühe oder Bouillon benötigen, kann diese Mengen jeweils einzeln in kleinen, 1/4 l fassenden Behältern einfrieren.

Lammrücken mit Fruchtpüree

Lammschulter in Orangensaft

4 Portionen à ca. 2630 kJ (630 kcal)

800 g entbeinte Lammschulter, Salz, weißer Pfeffer aus der Mühle, 1 Prise gemahlener Ingwer, 1/8 l frisch gepreßter Orangensaft, 1 Zweig Rosmarin, 1 kleines Stück Ingwerwurzel, 6 Korianderkörner, 1/8 l heiße Fleischbrühe, 1/8 l Weißwein, 1 Teel. Speisestärke, 1 Orange.

Die Lammschulter kurz kalt abspülen und mit Haushaltspapier trockentupfen. Dann mit Salz, Pfeffer und Ingwer auf beiden Seiten einreiben, zusammenrollen und mit Rouladengarn umwickeln. In einen Bräter legen und mit etwas Orangensaft übergießen. Rosmarin, Ingwerwurzel und Koriander dazugeben.

In den auf 220° (Gas Stufe 4) vorgeheizten Backofen schieben und ca. 60 Minuten braten. Dabei hin und wieder mit etwas Orangensaft beträufeln. Den Braten aus dem Bräter nehmen und auf einer Platte warm stellen.

Den Bratfond mit der heißen Fleischbrühe loskochen. Von dem Wein 4 Eßlöffel abnehmen und die Speisestärke darin auflösen. Den Wein in den Bräter gießen, die Mischung aufkochen lassen und mit der Speisestärke binden.

Die Soße durch ein Sieb gießen, mit Salz und Pfeffer nachwürzen und warm halten.

Die Orange wie einen Apfel schälen, damit auch die pelzige Innenhaut abgeht. Die Filets dann mit einem scharfen Messer aus den dünnen Häuten lösen.

Die Lammschulter vom Rouladengarn befreien, aufschneiden, mit etwas Soße übergießen und mit Orangenschnitzen garnieren. Die restliche Soße getrennt servieren.

Dazu als Beilage mit Speck umwickelte Böhnchen und mit Sahne überbackene Kartoffelscheiben (siehe burda-Kochbuch K 130 „Kartoffelgerichte") reichen. Als Getränk paßt ein Rosé, man kann aber auch einen leichten, nicht zu trockenen Rotwein anbieten.

Ebenso kann man auch **Kalbsschulter** oder **Putenkeule in Orangensaft** zubereiten. In beiden Fällen schmecken Brokkoliröschen und glasierte Möhren als Beilage besonders gut.

Kalbsbraten „Winzerin"

(Titelfoto)

4 Portionen à ca. 2230 kJ (535 kcal)

800 g Kalbsbraten aus der Keule ohne Knochen, 30 g Butterschmalz oder 3 Eßl. Öl, Salz, weißer Pfeffer aus der Mühle, 1 Prise gemahlener Zimt, 1 Prise gemahlene Nelken, 2 cl Weinbrand, 1/8 l reiner Traubensaft, 1/4 l Fleischbrühe (am besten selbstgekocht), 200 g dunkle Weintrauben, 6 Eßl. trockener Weißwein, 1 kräftige Prise Zucker, 150 g entsteinte Sauerkirschen aus dem Glas, 2 Kiwis, 1 kleiner Becher Crème fraîche (100 g), 20 g Butter.

Den Kalbsbraten wenn nötig häuten, kurz abspülen, mit Haushaltspapier trockentupfen.

Butterschmalz oder Öl in einem großen Bräter erhitzen und das Fleisch darin rundherum kräftig braun anbraten. Dann aus dem Topf nehmen, mit Salz, Pfeffer, Zimt und Nelken würzen und wieder in das Bratfett geben. Mit Weinbrand übergießen. Den Traubensaft angießen, aufkochen und um knapp die Hälfte reduzieren. Nun erst die heiße Fleischbrühe um den Braten gießen und ihn zugedeckt bei schwacher Hitze etwa 70 Minuten schmoren lassen.

Die Weintrauben waschen und abtropfen lassen.
Die Beeren von den Stielen zupfen. Nach Belieben entweder nur halbieren und entkernen oder zuvor häuten. Dazu die Beeren kurz in kochendes Wasser tauchen, dann die Haut abziehen.
Den Wein in einem kleinen Stieltopf zum Kochen bringen, die Beeren hineinlegen und offen 3 Minuten kochen. Warm halten.
Die Kirschen mit 2 Eßlöffeln Kirschsaft aus dem Glas in einem kleinen Töpfchen erwärmen.
Kiwis schälen und in Scheiben schneiden.
Den Braten aus dem Schmorfond nehmen und auf einer Platte warm stellen. Den Fond mit der Crème fraîche loskochen.
Weinbeeren und Kirschen abtropfen lassen und den Saft zu dem Fond geben. Den Fond durch ein Sieb gießen, etwas einkochen lassen. Dann neben dem Herd mit einer Gabel die Butter in kleinen Flöckchen in die Soße einschwenken, dabei nicht zu lebhaft rühren, damit die Soße nicht zu flüssig wird. Mit Salz abschmecken.
Den Braten aufschneiden und auf einer vorgewärmten Platte anrichten. Mit einem Teil der Soße überziehen, mit Weinbeeren, Kirschen und Kiwischeiben garnieren. Den Rest der Soße getrennt reichen.
Dazu Schwarzwurzelgemüse, Bandnudeln oder mit Orangenschalenstreifen gemischten Reis servieren. Als Getränk paßt ein fruchtiger Rosé oder ein leichter, trockener Rotwein besonders gut.
Variation: Eine besonders pikante Note bekommt der Braten, wenn man entweder die Weinbeeren oder die Sauerkirschen durch in Alkohol eingelegte Früchte (z. B. Weinbeeren in Grappa oder Kirschen in Rum) ersetzt. Dann sind aber 4 Eßlöffel Früchte und 1 Eßlöffel Flüssigkeit ausreichend. Kindern sollte man diesen Braten dann allerdings nicht vorsetzen.
Auf die gleiche Art wie den Kalbsbraten kann man **Putenbrust „Winzerin"** zubereiten.

Rehmedaillons mit Nektarinenkompott

4 Portionen à ca. 1975 kJ (470 kcal)

4 Rehmedaillons von je ca. 125 g, schwarzer Pfeffer aus der Mühle, 2 Teel. feinstes Speiseöl (Distelöl, Traubenkernöl), 4 Nektarinen (siehe auch Seite 136–141), 1 Teel. Zitronensaft, 150 g Feigen aus der Dose, Salz, 20 g Butter, 1 Becher süße Sahne (200 g), 1/8 l trockener Weißwein, 5 cl trockener Wermut, 2 Eßl. Feigenflüssigkeit aus der Dose, 4 Ingwerpflaumen aus dem Glas.

Rehmedaillons mit Haushaltspapier abreiben und kräftig mit Pfeffer bestreuen. Pfeffer und das Öl in das Fleisch einmassieren. Das Fleisch etwa 10 Minuten ruhen lassen.
In der Zwischenzeit die Nektarinen waschen, abtrocknen, halbieren und entsteinen. Das Fruchtfleisch in dünne Schnitze teilen und mit dem Zitronensaft vermischen.
Die Feigen abtropfen lassen und von der Spitze her halbieren.
Eine Pfanne trocken erhitzen, die Medaillons darin auf jeder Seite 30 Sekunden anbraten. Dann herausnehmen und salzen.
Die Butter in der Pfanne erhitzen und das Fleisch auf jeder Seite noch 3 Minuten braten. Dann auf eine vorgewärmte Platte legen, mit Alufolie abdecken und warm stellen.
Den Bratfond mit Sahne, Wein, Wermut und Feigenflüssigkeit ablöschen und unter Rühren etwas einkochen lassen. Dann die Nektarinenspalten und die Feigen in die Pfanne geben und zugedeckt bei ganz milder Hitze erwärmen.
Nebenher die Ingwerpflaumen in dünne Scheiben schneiden oder feinhacken. Zu dem Nektarinenkompott geben. Die Soße eventuell noch mit etwas Salz nachwürzen.
Die Medaillons auf vorgewärmten Tellern anrichten, mit dem Kompott umlegen.
Dazu Kartoffelkroketten oder Herzoginkartoffeln (siehe burda-Kochbuch K 207 „Klassische Küche auf neue Art") und Feldsalat in einer leichten Kräuter-Vinaigrette (siehe burda-Kochbuch K 201 „Die besten Salate und Vorspeisen") reichen. Als Getränk paßt ein Rosé besonders gut.

Hähnchen auf persische Art

Hähnchen auf persische Art

4 Portionen à ca. 2485 kJ (595 kcal)

125 g Langkornreis, 1/2 l Fleischbrühe, Curry, 2 Granatäpfel, 150 g frische Kumquats (ersatzweise 12 Früchte aus dem Glas, siehe auch Seite 136–141), 1 küchenfertige Poularde von ca. 1200 g, Salz, weißer Pfeffer aus der Mühle, Paprika edelsüß, 40 g Butter oder Margarine, 1/4 l frisch gepreßter Orangensaft, 2 Eßl. süße Sahne.

Den Reis mit der Fleischbrühe in einem Topf mischen und pikant mit Curry würzen. Die Fleischbrühe im offenen Topf sprudelnd aufkochen lassen. Die Hitze dann stark reduzieren und den Reis zugedeckt in 20 Minuten ausquellen lassen.

Die Granatäpfel quer halbieren und mit einem Löffel die Kerne mit dem Fruchtfleisch herauslösen.

Kumquats gründlich waschen und abtrocknen (Früchte aus dem Glas abtropfen lassen). Die Kumquats je nach Größe längs halbieren oder vierteln. Dabei wenn nötig entkernen.

Den Reis mit der Hälfte der Kumquats und der Granatapfelkerne vermischen.

Poularde innen und außen abspülen, trockentupfen und mit Salz und Pfeffer einreiben. Dann mit dem Reis füllen. Die Öffnung mit Holzstäbchen zustecken und diese im Schnürsenkelprinzip mit Rouladengarn umwickeln. Die Poularde mit etwas Paprika einreiben.

Butter oder Margarine in einem Bräter erhitzen und die Poularde darin rundherum anbraten. Dann in dem auf 200° (Gas Stufe 3) vorgeheizten Backofen in 40 Minuten knusprig braun braten. Dabei hin und wieder mit Bratfond und zum Schluß mit etwas Orangensaft übergießen. Die Poularde aus dem Bräter nehmen und auf einer Platte warm stellen.

Den Bratfond mit 6 Eßlöffeln Wasser loskochen, durch ein Sieb in einen kleinen Stieltopf gießen und mit dem restlichen Orangensaft vermischen. Bei starker Hitze etwas reduzieren, mit der Sahne und den übrigen Granatapfelkernen vermischen und kochen lassen, bis die Soße

leicht sämig ist. Dabei ständig kräftig mit dem Schneebesen rühren.
Die restlichen Kumquats in der Soße erhitzen und die Soße um die zuvor halbierte Poularde gießen.
Dazu Tomaten reichen, die, mit etwas Salz und Butter verfeinert, in der Bratröhre mitgegart wurden. Als weitere Beilage schmeckt ein mit Orangenfilets vermischter Feldsalat in einer ganz leichten Joghurtmarinade.

Hähnchenbrust „Vierlanden"

4 Portionen à ca. 1655 kJ (395 kcal)

750 g saftige Äpfel (Cox Orange),
Saft einer Zitrone, 1 unbehandelte Zitrone,
4 Hähnchenbrustfilets von je ca. 150 g,
Salz, weißer Pfeffer aus der Mühle,
60 g Butter oder Margarine, 1/8 l Weißwein,
1 Prise Zucker, 1 Eßl. Orangenlikör
(Cointreau, Grand Marnier).

Äpfel schälen, vierteln, entkernen und von Blüten- und Stengelansätzen befreien. Die Äpfel längs in dünne Schnitze schneiden und sofort mit dem Zitronensaft vermischen.
Die Zitrone unter lauwarmem Wasser abbürsten, abtrocknen, in dünne Scheiben schneiden und entkernen.
Die Hähnchenbrustfilets kurz abspülen, mit Haushaltspapier trockentupfen, mit Salz und Pfeffer einreiben.
Butter oder Margarine in einer Pfanne erhitzen und die Brustfilets darin mit der Hautseite nach unten 2 Minuten kräftig anbraten. Dann umdrehen und noch 1 Minute braten. Die Brustfilets aus dem Bratfett nehmen.
Den Bratensatz mit dem Wein ablöschen, dabei kräftig rühren, damit alle Röststoffe gelöst werden. Die Mischung dann in eine feuerfeste Form geben und die Apfelstücke hineinlegen. Mit Zucker bestreuen und mit Orangenlikör beträufeln. Die Brustfilets darauf anrichten und mit den Zitronenscheiben belegen. Die geschlossene Form in den auf 240° (Gas Stufe 5) vorgeheizten Backofen stellen und die Brustfilets 20 Minuten schmoren lassen. In der Form servieren.

Dazu gibt es mit Zitronenschale und feingehackten Ingwerpflaumen (aus dem Glas) gemischten Reis und Chinakohlsalat oder Römischen Salat in einer leichten Joghurtsoße.
Variation: Wer das Gericht noch stärker süßen möchte, gibt statt Zucker beliebig viel flüssigen Honig an die Äpfel.

Hähnchenbrust „Vierlanden"

Hähnchenkeulen mit Exoten

4 Portionen à ca. 1650 kJ (395 kcal)

4 Hähnchenkeulen à ca. 200 g, Salz, weißer Pfeffer aus der Mühle, Curry, 40 g Butterschmalz, 1 Mangofrucht (siehe auch Seite 136–141), 3 Kiwis, 200 g Lychees aus der Dose, 1/8 l Fleischbrühe, 1/8 l Weißwein, 4 Eßl. Lycheesaft aus der Dose, 2 Eßl. Crème fraîche.

Die Hähnchenkeulen abspülen, trockentupfen und mit Salz, Pfeffer und Curry einreiben.
Das Butterschmalz in einer Pfanne erhitzen und die Hähnchenkeulen darin rundherum in etwa 15 Minuten knusprig braun braten.
In der Zwischenzeit die Mangofrucht schälen. Das Fruchtfleisch mit jeweils einem flachen Schnitt entlang der Ober- und der Unterseite des Kerns ablösen, dann die Seitenteile auch abschneiden. Das Fruchtfleisch schräg in längliche Scheiben schneiden.
Kiwis schälen und in Scheiben schneiden. Die Lychees abtropfen lassen.
Die Hähnchenkeulen aus der Pfanne nehmen und warm halten. Das Obst kurz in dem heißen Bratfett erwärmen, dann auch warm halten.
Den Bratfond mit Fleischbrühe, Weißwein und Lycheesaft loskochen, mit der Crème fraîche vermischen und unter Rühren zu einer sämigen Soße einkochen. Mit etwas Curry abschmekken, eventuell mit Salz nachwürzen.
Die aufgeschnittenen Keulen mit den Früchten auf vorgewärmten Portionstellern anrichten. Die Soße getrennt reichen.
Dazu mit Kokosflocken gemischten Reis servieren.

Hähnchenkeulen mit Exoten

Täubchen mit Orangen

4 Portionen à ca. 2675 kJ (640 kcal)

4 junge Täubchen von je ca. 400 g, Salz, weißer Pfeffer aus der Mühle, 1 Msp. geriebene Muskatnuß, 4 dünne Scheiben mild gesalzener fetter Speck, 50 g Butter, etwa 1/4 l heiße Fleischbrühe (am besten selbstgekocht), 3 Orangen, 1/8 l trockener Weißwein, 5 cl trockener Wermutwein, 4 dicke Scheiben Kastenweißbrot von je 60 g.

Die Täubchen am besten schon vom Händler ausnehmen lassen. Innen und außen gründlich waschen und trockentupfen. Innen mit Salz, Pfeffer und Muskatnuß einreiben, außen nur mit ganz wenig Salz und Pfeffer. Die Bruststücke mit je einer Speckscheibe belegen und festbinden. Die Täubchen mit der Brustseite nach unten in einen Bräter legen.
Die Butter zerlassen und die nicht mit Speck belegten Teile der Täubchen damit einpinseln.
Den Bräter in den auf 200° (Gas Stufe 3) vorgeheizten Backofen stellen und die Täubchen 35 Minuten braten. Nach 10 Minuten etwa 1/8 l heiße Fleischbrühe angießen und die Täubchen erneut mit Butter bestreichen. Nach weiteren 5 Minuten wenden und mit der restlichen Butter übergießen. Nun nach und nach noch etwas Fleischbrühe angießen und die Täubchen hin und wieder mit Bratfond übergießen. Dann aus dem Bräter nehmen und warm stellen.
Den Bratfond mit der restlichen Fleischbrühe loskochen und in einen Topf geben.
2 Orangen auspressen, den Saft zusammen mit dem Weißwein und dem Wermut zu dem Bratensaft geben und alles bei starker Hitze um etwa die Hälfte einkochen lassen.
In der Zwischenzeit die dritte Orange schälen, dabei auch die pelzige Innenhaut entfernen. Die Filets mit einem scharfen, kleinen Messer aus den dünnen Häutchen herauslösen.
Das Weißbrot rund ausstechen und toasten.
Die Soße mit Salz und Pfeffer pikant abschmecken.
Die Täubchen auf dem Brot anrichten, mit etwas Soße umgießen und mit den Orangenfilets garnieren. Die restliche Soße getrennt reichen.
Dazu Radicchio, mit Chicorée gemischt, in einer leichten Zitronen-Sahne-Soße servieren. Als Getränk den gleichen Weißwein reichen, der auch für die Soße verwendet wurde. Sehr gut eignet sich ein Riesling oder ein Traminer.

Kalbsbraten mit Fruchtspießchen

Kalbsbraten mit Fruchtspießchen

4 Portionen à ca. 1865 kJ (445 kcal)

800 g Kalbsbraten aus der Keule, Salz, weißer Pfeffer aus der Mühle, 1 kräftige Prise gemahlener Koriander, 20 g Butterschmalz oder 2 Eßl. Öl (Weizenkeimöl), ¼ l heiße Fleischbrühe, 400 g beliebige Früchte wie Weinbeeren, Himbeeren, Mirabellen, Kirschen (frisch oder aus dem Glas), 20 g Butter, 1 kleiner Becher süße Sahne (100 g), 2 Kiwis (siehe auch Seite 136–141).

Den Kalbsbraten kurz abspülen und trockentupfen. Mit Salz, Pfeffer und Koriander einreiben.

Butterschmalz oder Öl in einem Bräter erhitzen und das Fleisch darin rundherum 10 Minuten braun anbraten. Den Bräter dann in den auf 200° (Gas Stufe 3) vorgeheizten Backofen stellen und das Fleisch noch etwa 60 Minuten braten. Dabei nach und nach die heiße Fleischbrühe angießen.

Nebenher die Früchte vorbereiten: Frische Früchte waschen, abtrocknen, entkernen oder entsteinen und abwechselnd auf Spieße stecken.

Die Butter in einer großen Pfanne erhitzen und die Fruchtspießchen darin unter häufigem Wenden knapp 5 Minuten dünsten. Die Spießchen warm stellen.

Den Braten aus dem Bräter nehmen und auch warm stellen. Den Bratfond in die Pfanne geben, alles mit der Sahne vermischen und unter ständigem Rühren zu einer sämigen Soße einkochen. Durch ein Sieb streichen, mit Salz, Pfeffer und eventuell noch etwas Koriander abschmekken und warm halten.

Die Kiwis schälen und in Scheiben schneiden.

Den Braten in Scheiben aufschneiden, mit den Fruchtspießchen und den Kiwischeiben garnieren. Die Soße getrennt servieren.

Dazu körnig gekochten, mit Safran oder Kurkuma gewürzten Reis und Chicoréesalat mit Mandarinorangen in einer leichten Sahnesoße reichen.

Hähnchenbrust mit Himbeersoße

4 Portionen à ca. 1220 kJ (290 kcal)

4 Hähnchenbrustfilets von je ca. 150 g, Salz, weißer Pfeffer aus der Mühle, 1 Prise Cayennepfeffer, 40 g Butter oder Margarine, 4 Teel. Himbeeressig, 1 cl Portwein, 150 g frische oder TK-Himbeeren.

Hähnchenbrustfilets kurz abspülen, mit Haushaltspapier trockentupfen, dann mit Salz, Pfeffer und Cayennepfeffer einreiben.

Butter oder Margarine in einer Pfanne erhitzen und die Hähnchenbrustfilets darin in 8 bis 10 Minuten knusprig braun braten. Dann herausnehmen und warm stellen.

Den Bratfond mit Himbeeressig und Portwein loskochen. Die Mischung so lange kochen, bis sie leicht sämig wird. Dabei ständig rühren.

Die Himbeeren verlesen, nur wenn nötig waschen, dann gründlich abtropfen lassen (TK-Himbeeren auftauen lassen). Die Himbeeren in die Soße geben, nur ganz kurz durchschwenken.

Die Hähnchenbrustfilets auf vorgewärmten Tellern anrichten und mit der Soße umgießen.

Dazu mit gedünsteten Apfel- und Zwiebelwürfeln und gehackter Petersilie gemischten Reis servieren, außerdem einen Eichblattsalat, der in einer ganz leichten Marinade aus Himbeeressig und Walnuß- oder Mandelöl angemacht wurde.

Ebenso können Sie **Putenschnitzel mit Himbeersoße** oder **Schweinefilet mit Erdbeersoße** zubereiten. Für die Erdbeersoße sind kleine würzige Früchte besonders gut geeignet.

Putenragout

Putenragout

4 Portionen à ca. 1925 kJ (460 kcal)

4 Pfirsiche, 200 g Sauerkirschen, 500 g Putenbrust, ½ Teel. Korianderkörner, 1 Teel. Currypulver, 75 g gekochter Schinken, 2 mittelgroße Zwiebeln, 2 Eßl. Walnuß- oder Mandelöl, ¼ l trockener Weißwein, ⅛ l süße Sahne, Salz, weißer Pfeffer aus der Mühle, 1 Teel. gehackte Petersilie, 2 cl Weinbrand.

Pfirsiche mit kochendem Wasser überbrühen, häuten, halbieren, entsteinen und in dünne Schnitze teilen. Die Kirschen entstielen, waschen und entsteinen.
Das Putenfleisch häuten und schräg zur Faser in dünne Scheiben oder Streifen schneiden. Korianderkörner im Gewürzmörser zerstoßen. Mit dem Currypulver gründlich unter das Putenfleisch mischen.
Den Schinken feinwürfeln. Die Zwiebeln schälen und auch würfeln.
Das Öl in einer Pfanne erhitzen und die Schinkenwürfel darin kurz anbraten. Nach 3 Minuten das Fleisch und die Zwiebeln zufügen und unter Rühren rundherum anbraten.
Speisestärke mit etwas Wein glattrühren. Den Bratensatz mit dem restlichen Wein und der Sahne ablöschen, unter Rühren dicklich einkochen, dann mit der Speisestärke binden. Das Ragout mit Salz, Pfeffer und Weinbrand abschmecken und die Früchte darin erhitzen. Das Ragout mit Petersilie bestreut servieren.
Dazu Spätzle oder Reis und beliebigen Salat in Joghurtsoße reichen.

Bananen-Fleisch-Ragout

Bananen-Fleisch-Ragout

4 Portionen à ca. 3175 kJ (760 kcal)

500 g Schweineschulter ohne Knochen, 2–3 Eßl. Olivenöl, 4 Zwiebeln, ½ Dose geschälte Tomaten (400 g), Salz, Zucker, 1 Teel. Currypulver, frisch abgeriebene Muskatnuß, 4 feste, große Bananen, 1 kleiner Becher Crème fraîche (100 g), 1 Eßl. gehackte Petersilie.

Das Fleisch unter fließendem Wasser abspülen und mit Haushaltspapier abtrocknen. Dann in etwa 3 cm große Würfel schneiden.
Öl in einem Bratentopf erhitzen, die Fleischwürfel hineingeben, bei starker Hitze rasch braun anbraten und die Hitze reduzieren.
Zwiebeln schälen, würfeln und über das Fleisch streuen. Den Topf zudecken und die Zwiebeln 5 Minuten schmoren lassen.
Tomaten in ein Sieb geben, den Saft auffangen. Die Tomaten durchpassieren und mit ihrem Saft zu dem Fleisch geben. Alles mit Salz, Zucker, Curry und etwas Muskatnuß pikant abschmecken. Das Ragout zudecken und bei mittlerer Hitze etwa 75 Minuten schmoren lassen. Eventuell etwas Wasser nachfüllen.
Die Bananen schälen, die Früchte in 3 cm lange Stücke schneiden und unter das Ragout heben. 5 Minuten zugedeckt köcheln lassen.
Zum Schluß die Crème fraîche unterziehen und das Ragout noch einmal abschmecken. Vor dem Servieren mit der Petersilie bestreuen.
Dazu schmecken Kartoffeln oder Nudeln und ein roter Landwein oder auch ein kühles Bier.

Schlesisches Himmelreich

4 Portionen à ca. 4930 kJ (1175 kcal)

500 g gemischtes Backobst, 1½ l Wasser, 500 g durchwachsener Räucherspeck oder geräucherter Schweinebauch, 1 unbehandelte Zitrone, ½ Zimtstange, 2 Stück Sternanis, 4 Nelken, 1 Teel. Zucker, Salz, 1 gestr. Eßl. Speisestärke.

Backobst mit kaltem Wasser eben bedecken und über Nacht stehen lassen.
Den Speck in etwa ½ l Wasser 30 Minuten bei mäßiger Hitze kochen. Dann das Obst mit dem Einweichwasser dazuschütten.
Die Zitrone unter lauwarmem Wasser waschen, abtrocknen und die Schale als dünne Spirale abschälen. Zusammen mit Zimtstange, Sternanis und Nelken in den Topf geben. Alles noch etwa 30 Minuten kochen.
Den Speck aus dem Topf nehmen.
Die geschälte Zitrone auspressen und mit dem Saft die Speisestärke anrühren. Das Backobst damit binden, das heißt, noch einmal aufkochen lassen. Das Kompott mit Zucker und eventuell noch etwas Salz abschmecken. In eine vorgewärmte Schüssel füllen.
Den Speck in Scheiben schneiden und auf dem Backobst anrichten.
Dazu gehören Böhmische Knödel oder Semmel- bzw. Kartoffelklöße. Als Getränk paßt ein kühles Bier besonders gut.

Schlesisches Himmelreich

Rindergulasch mit Rhabarber

Rindergulasch mit Rhabarber

4 Portionen à ca. 1770 kJ (425 kcal)

750 g mageres Rindfleisch (Nuß oder Kluft), 3 Eßl. Olivenöl, 2 Zwiebeln, ½ l heiße Fleischbrühe, 1 Zimtstange, Salz, schwarzer Pfeffer aus der Mühle, 2 Msp. Muskatblüte, 500 g Rhabarber, 2 Teel. Speisestärke, 4 Eßl. Crème fraîche, Zucker, Worcestersauce.

Das Fleisch abspülen, trockentupfen und in etwa 3 cm große Würfel schneiden.
Olivenöl in einem Schmortopf rauchheiß werden lassen, Fleischwürfel darin unter ständigem Wenden rasch von allen Seiten braun anbraten.
Die Zwiebeln schälen. Eine Zwiebel feinwürfeln, die andere in halbe Scheiben schneiden. Zwiebeln in den Schmortopf geben, wenn das Gulasch anfängt zu bräunen, und 1 bis 2 Minuten mitbraten. Dann die heiße Brühe zugießen. Zimt, 1 Prise Salz, etwas Pfeffer und die Muskatblüte zufügen. Den Topf zudecken und das Gulasch 45 bis 50 Minuten schmoren.
Rhabarber putzen, waschen und die Schale abziehen. Die Stangen in 3 cm lange Stücke schneiden, zu dem Gulasch geben und bei geringer Hitze noch 8 Minuten mitgaren.
Die Speisestärke mit etwas Wasser anrühren und das Gulasch damit binden. Mit Crème fraîche verfeinern, mit Zucker und einigen Spritzern Worcestersauce abschmecken.
Dazu körnig gekochten Curryreis oder überbackenes Kartoffelpüree servieren.

Kalbszunge mit Traubensoße

4 Portionen à ca. 1245 kJ (295 kcal)

1 Kalbszunge von ca. 600 g, 1 Bund Suppengrün, 1 unbehandelte Zitrone, 2 Lorbeerblätter, 8 Pfefferkörner, je 2 Wacholderbeeren und Pimentkörner, Salz, 300 g helle Weintrauben, 150 g kleine frische Champignons, 1 Schalotte, 20 g Butter oder Margarine, 10 g Mehl, 1 Eßl. Crème fraîche, Pfeffer, 1 Prise Zucker.

Kalbszunge unter fließendem Wasser waschen und abtropfen lassen.
Das Suppengrün putzen, waschen und grob zerkleinern. Die Zitrone unter fließendem Wasser abbürsten, abtrocknen und die Schale abreiben. Schale zugedeckt beiseite stellen. Die Zitrone halbieren und von jeder Hälfte eine dicke Scheibe abschneiden. Die Hälften dann auspressen. Den Saft auch beiseite stellen.
Kalbszunge mit Suppengrün, Zitronenscheiben und Gewürzen in einen Topf geben. So viel Wasser angießen, daß die Zunge eben bedeckt ist. Das Wasser kräftig salzen und einmal sprudelnd aufkochen lassen. Die Zunge dann im geschlossenen Topf bei nicht zu starker Hitze etwa 60 Minuten nur eben sieden lassen. Als Garprobe mit einem kleinen, spitzen Messer in das dicke Ende stechen. Wenn das ganz leicht gelingt, ist die Zunge gar.
Nebenher für die Soße die Trauben kurz in kochendes Wasser tauchen, abtropfen lassen, die Beeren von den Stielen zupfen und die Haut abziehen. Die Beeren halbieren und entkernen. Die Hälfte der Beeren im Mixer pürieren.
Die Champignons putzen, nur wenn nötig waschen, gut abtropfen lassen und mit einem Tuch vorsichtig abtrocknen. Dann halbieren oder vierteln. Champignons in eine Schüssel geben und mit dem Zitronensaft mischen.
Die Schalotte schälen und hacken.
Kalbszunge aus dem Sud heben, kurz kalt abschrecken. Die Haut abziehen, Fetteile, Sehnen und Röhren entfernen. Das Fleisch schräg in 1 cm dicke Scheiben schneiden, in eine Schüssel legen, mit etwas durchgesiebtem Kochsud übergießen und warm stellen.
Von dem übrigen Sud 1/4 l abmessen und auch durch ein Sieb gießen.
Butter in einem Topf erhitzen und die Schalotte darin glasig werden lassen. Champignons zufügen und unter Rühren 3 Minuten anbraten. Mehl darüberstäuben und hell durchschwitzen lassen. Mit dem Sud unter Rühren ablöschen, aufkochen, 10 Minuten köcheln lassen.
Den Topf vom Herd nehmen, das Traubenpüree, die halbierten Trauben und die Crème fraîche in die Soße rühren. Mit Salz, Pfeffer und Zucker abschmecken. Die Soße noch mal erhitzen, jedoch nicht mehr kochen lassen.
Die Kalbszungenscheiben abtropfen lassen, dann dachziegelartig auf einer vorgewärmten Platte anrichten, mit der Traubensoße begießen und mit der Zitronenschale bestreuen.
Dazu Bandnudeln, Feldsalat in leichter Sauerrahmsoße mit gehackten Walnüssen und einen kräftigen Ruländer servieren.

Ochsenbrust mit Reineclaudenkompott

4 Portionen à ca. 3330 kJ (795 kcal)

1 kg Ochsenbrust, 1 Bund Suppengrün, 1 große Zwiebel, 2 kleine Lorbeerblätter, 3 Nelken, Salz, 1 Teel. Pfefferkörner, 4 kleine Petersilienwurzeln, 4 junge Möhren, 600 g Reineclauden, 50 g Butter oder Margarine, 2 Ingwerpflaumen aus dem Glas, 1/2 Zimtstange, 1 cl trockener Weißwein.

Ochsenbrust kurz abspülen, dann in einen Topf legen.
Das Suppengrün putzen, waschen und grob zerteilen. Die Zwiebel nur von der äußeren Haut befreien, dann quer halbieren und auf einer sauberen, heißen Herdplatte die Schnittfläche etwas anrösten lassen.
Suppengrün, Zwiebelhälften, Lorbeerblätter, Nelken und Pfefferkörner in den Topf geben. So viel kaltes Wasser angießen, daß das Fleisch eben bedeckt ist. Das Wasser im geschlossenen Topf langsam zum Kochen bringen, dann erst salzen. Die Ochsenbrust bei leicht geöffne-

tem Topfdeckel in 2 Stunden mehr garziehen als kochen lassen. Das Fleisch muß stets von Wasser eben bedeckt sein, darum hin und wieder etwas heißes Wasser nachgießen.
Die Petersilienwurzeln und die Möhren schälen oder schaben. Etwas Grün dranlassen. 20 Minuten vor Ende der Garzeit in die Brühe geben.
Sobald das Fleisch aufgesetzt wurde, das Kompott zubereiten. Die Reineclauden kurz in kochendes Wasser tauchen, dann häuten, halbieren und entsteinen.
Die Butter in einem Topf schmelzen lassen. Die Ingwerpflaumen nicht zu fein hacken. Zusammen mit den Reineclauden und der Zimtstange in den Topf geben. Den Wein angießen und aufkochen. Die Reineclauden so lange dünsten, bis der Wein ganz verdampft ist. Die Zimtstange herausnehmen und das Kompott abkühlen lassen.
Die Ochsenbrust aus der Brühe heben, abtropfen lassen und in Scheiben schneiden, eventuell vorhandenes Fett abschneiden. Das Fleisch auf einer vorgewärmten Platte anrichten, mit den Petersilienwurzeln und Möhren garnieren und mit etwas durchpassierter Bouillon übergießen. Das Kompott getrennt dazu reichen.
Als Beilage schmecken in Fleischbrühe gekochte Salzkartoffeln oder Bratkartoffeln.
Tip: Die zuvor durch ein Haarsieb gegossene Brühe portionsweise einfrieren und bei Bedarf für Schmorbraten oder ähnliches verwenden (siehe großen Tip Seite 50).

Gefülltes Rinderfilet

4 Portionen à ca. 2135 kJ (510 kcal)

16 große Backpflaumen ohne Steine, 4 cl Armagnac, 1 kleiner, säuerlicher Apfel (Reinette), 50 g Gänseleberpastete, 800 g Rinderfilet, 1 Teel. grob geschroteter schwarzer Pfeffer, 3 Eßl. bestes Speiseöl, 30 g Butter, Salz, 1/8 l Rinderbouillon, 4 cl Portwein oder halbtrockener Sherry (Amontillado), 4 Eßl. süße Sahne.

Backpflaumen 2 bis 3 Stunden in Armagnac einweichen, häufig wenden. Dann abgießen, die Flüssigkeit auffangen. Pflaumen nicht zu fein hacken. Die Hälfte beiseite stellen.
Den Apfel schälen, vierteln, von Blüten- und Stengelansatz befreien, entkernen und grobwürfeln. Die Gänseleberpastete auch würfeln, mit den Apfel- und Pflaumenwürfeln mischen.
Filet wenn nötig häuten, dann mit einem spitzen, dünnen Messer eine Tasche hineinschneiden, mit der Pflaumenmischung füllen und rundherum mit Pfeffer einreiben.
Öl in einem Bräter rauchheiß werden lassen und das Filet darin von allen Seiten scharf anbraten. Dann herausnehmen und abtropfen lassen.
Das Öl wegschütten und die Butter in dem Bräter erhitzen. Das Filet darin unter gelegentlichem Wenden noch etwa 45 Minuten bei nicht zu starker Hitze braten. Herausnehmen, salzen, in Alufolie wickeln und warm stellen.
Bratfond mit Bouillon loskochen, durch ein Sieb in einen Topf geben. Mit Portwein oder Sherry und Sahne vermischen und etwas einkochen. Dann die restlichen Backpflaumen und die Einweichflüssigkeit zufügen. Mit Salz und Pfeffer nachwürzen.
Das Fleisch aufschneiden, auf eine vorgewärmte Platte geben und mit der Soße überziehen.
Dazu Brokkoligemüse, gedünstete Petersilienwurzeln, zarte Karotten und mit Rahm überbakkene Kartoffelscheiben reichen, sowie einen vollmundigen Rotwein.

Vor großen, zarten Braten, die „auf den Punkt" genau gegart werden müssen, scheuen viele Hausfrauen zurück, denn das Gelingen ist abhängig von verschiedenen Faktoren: Wie hoch das Fleischstück ist, wie gut es abgehangen ist, ob es von einem jungen oder älteren Tier stammt. Darum können auch Bratzeitangaben in den Rezepten nur Richtwerte sein, insbesondere wenn wie bei obigem Rinderfilet der Garprozeß unterbrochen wird. Es lohnt sich darum der Kauf eines Fleischthermometers. Wenn die auf seiner Richtskala angegebene Temperatur im Fleischinneren erreicht ist, kann man sicher sein, daß das Fleisch „auf den Punkt" genau gebraten ist.

Putenschnitzel in Zitronensoße

Putenschnitzel in Zitronensoße

4 Portionen à ca. 1680 kJ (400 kcal)

4 Putenschnitzel von je ca. 150 g, 6 Eßl. Zitronensaft, 4 Eßl. Apfelkorn (oder ein anderer Obstschnaps), 1 Teel. gerebelter Thymian, Salz, weißer Pfeffer aus der Mühle, 50 g Butter oder Margarine, 2 säuerliche Äpfel (Boskop, Roter Berlepsch), 1/8 l Fleischbrühe, 1/8 l trockener Weißwein, 6 Eßl. süße Sahne, 1 Teel. Speisestärke, abgeriebene Schale einer halben unbehandelten Zitrone, 1 Teel. Zucker.

Putenschnitzel kurz abspülen und mit Haushaltspapier abtrocknen. 4 Eßlöffel Zitronensaft mit dem Apfelkorn und dem Thymian vermischen. Das Fleisch in eine ovale Schüssel legen und mit der Saftmischung begießen. Etwa 3 Stunden marinieren, dabei das Fleisch häufig wenden.
Das Fleisch mit Haushaltspapier trockentupfen, mit Salz und Pfeffer würzen und in 40 g heißer Butter oder Margarine auf jeder Seite in etwa 5 Minuten braun braten. Das Fleisch aus dem Fett nehmen, auf einer Platte anrichten und warm stellen.
Die gewaschenen Äpfel mit einem Kernausstecher von den Kerngehäusen befreien und in dünne Scheiben schneiden. Das restliche Fett in die Pfanne geben und die Apfelscheiben darin auf beiden Seiten anbraten. Dann auf einer gesonderten Platte ebenfalls warm stellen.
Den Bratfond mit Fleischbrühe und Wein loskochen. Die Sahne mit der Speisestärke verquirlen, in den Fond rühren und diesen einmal aufkochen lassen. Dann erst die Zitronenschale und den restlichen Zitronensaft in die Soße geben. Die Soße mit Zucker, Salz und Pfeffer abschmecken.
Die Apfelscheiben auf den Putenschnitzeln anrichten und das Fleisch mit etwas Soße umgießen. Die restliche Soße getrennt reichen. Die Platte nach Belieben mit Zitronenschnitzen und Petersilie garnieren.
Dazu schmecken Bandnudeln oder frisches, helles Bauernbrot und ein Kopfsalat in einer leichten Joghurtsoße. Als Getränk paßt trockener Weißwein oder Apfelmost besonders gut.

Rotzungen mit flambierten Bananen

4 Portionen à ca. 1925 kJ (460 kcal)

4 tiefgekühlte, küchenfertig abgezogene Rotzungen von je ca. 300 g, 60 g Butter, 4 Schalotten, Salz, weißer Pfeffer aus der Mühle, 1/4 l trockener Weißwein, 2 reife, feste Bananen, 2 cl Cognac oder Weinbrand, grob geschroteter schwarzer Pfeffer, 2 Eigelb, 1/8 l süße Sahne, 1 Prise Zimt.

Rotzungen auftauen lassen, kurz abspülen und abtrocknen.
Die Schalotten feinhacken.
40 g Butter in einer großen ovalen Form zerlassen, die Schalotten hineinstreuen und die mit Salz und Pfeffer schwach gewürzten Rotzungen darauflegen. Den Wein angießen. Die Form mit Alufolie bedecken, in den auf 200° (Gas Stufe 3) vorgeheizten Backofen stellen und den Fisch 20 Minuten pochieren.
Dann aus dem Sud heben, auf eine vorgewärmte Platte legen und mit Folie bedeckt im abgeschalteten Backofen warm halten.
Den Sud durch ein Sieb streichen und bei starker Hitze um gut die Hälfte reduzieren.
Die Bananen schälen und längs halbieren.
Die restliche Butter in einer großen Pfanne erhitzen, die Bananenhälften von beiden Seiten braun braten. Die Pfanne vom Herd nehmen.

Den Cognac oder Weinbrand in einer Kelle über einer Kerze erwärmen, über die Bananen gießen, anzünden und ausbrennen lassen. Die Bananen mit Pfeffer bestreuen und ebenfalls warm halten.
Eigelb und Sahne verquirlen, in einem Stieltopf bei mäßiger Hitze unter ständigem Rühren mit dem Schneebesen cremig aufschlagen, dabei nach und nach den Fischsud einlaufen lassen. Die Soße mit etwas Zimt würzen.
Die Bananen auf den Rotzungen anrichten. Die Fische mit etwas Soße umgießen, den Rest getrennt reichen.
Dazu in Butter gedünsteten Blattspinat oder Brokkoli und Reis oder frische Baguette servieren. Als Getränk einen leichten Weißwein, z. B. einen Silvaner, anbieten.

Heilbutt in Orangensoße

4 Portionen à ca. 2490 kJ (595 kcal)

4 Heilbuttscheiben à 250 g, Salz, weißer Pfeffer aus der Mühle, 8 Eßl. Semmelbrösel, 2 Knoblauchzehen, 2 Zwiebeln, 20 g Butter oder Margarine, 5 Orangen, 3 Nelken, 1 Lorbeerblatt, gut ½ l Wasser, 200 g Langkornreis, 1 Prise Zucker, 1 Msp. gemahlene Nelken, 1 Teel. Currypulver, einige Dillzweige zum Garnieren.

Heilbuttscheiben waschen und mit Küchenpapier trockentupfen. Die Stücke mit Salz und wenig weißem Pfeffer einreiben und in Semmelbrösel wenden. Die Brösel etwas andrücken.
Knoblauchzehen und eine Zwiebel schälen und feinhacken.
Eine feuerfeste Form mit Butter oder Margarine einfetten. Zwiebel und Knoblauch in die Form streuen, die Heilbuttscheiben darauflegen.
4 Orangen auspressen und den Saft über den Fisch gießen. Die Form in den auf 180° (Gas Stufe 2) vorgeheizten Backofen stellen und den Fisch 25 bis 30 Minuten garen. Zwischendurch einige Male mit dem Orangensud begießen.
Die zweite Zwiebel schälen, mit Nelken und Lorbeerblatt spicken. Zwiebel mit dem Wasser und dem Reis in einen Topf geben, das Wasser einmal sprudelnd aufkochen, den Reis dann zugedeckt bei geringer Hitze in 20 Minuten ausquellen lassen.
Die letzte Orange dick schälen, um die weiße Innenhaut mit zu entfernen. Die Frucht in dünne Scheiben schneiden und die Kerne auslösen.
Die Heilbuttscheiben aus der Form nehmen und warm stellen.
Die Soße mit 1 Prise Zucker, Nelken- und Currypulver abschmecken. Eventuell mit etwas Salz nachwürzen. Die Orangenscheiben in die Soße legen und kurz erhitzen.
Auf jedem vorgewärmten Teller ein Reisbett anrichten, eine Fischscheibe darauflegen und mit Orangenscheiben und Dillzweigen garnieren. Die Orangensoße drumherum gießen.
Dazu Spinatsalat mit Vinaigrette, bestreut mit hartgekochtem, gehacktem Eiweiß, servieren.

Heilbutt in Orangensoße

Seezungenfilets in Stachelbeersoße

4 Portionen à ca. 1635 kJ (390 kcal)

400 g reife Stachelbeeren, 200 g kleine weiße Champignons, 60 g Butter, 1 Teel. Zitronensaft, 1/2 l sehr trockener Weißwein, 8 Seezungenfilets von je ca. 80 g, 1 kleine Zwiebel, 1/2 Lorbeerblatt, 1 Nelke, Salz, weißer Pfeffer aus der Mühle, 1 Teel. Zucker, 1 Eigelb, 5 Eßl. süße Sahne, 1 Prise Zimt.

Stachelbeeren waschen, abtropfen lassen und mit einer Küchenschere die Blüten- und Stengelansätze abschneiden. Die Beeren halbieren und beiseite stellen.

Champignons putzen und in dünne Scheiben schneiden, am besten mit dem Eischneider. In 10 g Butter ganz kurz anbraten, Zitronensaft und 3 Eßlöffel Wein zufügen und die Champignons zugedeckt 10 Minuten köcheln lassen.

In der Zwischenzeit die Seezungenfilets kurz abspülen, abtropfen lassen und zu Rollen zusammenbinden.

Den restlichen Wein mit der geschälten, mit Lorbeerblatt und Nelke gespickten Zwiebel aufkochen. Mit Salz und Pfeffer würzen. Die Seezungenröllchen einlegen und zugedeckt 10 Minuten pochieren, dabei darf der Wein aber auf keinen Fall mehr kochen. Die Röllchen mit einem Schaumlöffel herausnehmen, auf eine tiefe Platte setzen, mit Alufolie bedecken und warm stellen.

Den Fond und die Stachelbeeren mit dem Zukker aufkochen und zugedeckt 10 Minuten kochen lassen. Dann durch ein Sieb streichen und wieder in den Topf geben.

Das Eigelb mit der Sahne verquirlen. Die Stachelbeersoße erneut bis kurz vorm Kochen erhitzen, vom Herd nehmen und mit der Eigelb-Sahne-Mischung legieren. Mit Zimt würzen und mit Salz und Pfeffer abschmecken.

Die Champignons in der Soße erhitzen. Die Seezungenröllchen von dem Garn befreien und mit der Soße umgießen.

Dazu körnig gekochten, mit frischem gehackten Kerbel oder glatter Petersilie vermischten Reis und einen trockenen Weißwein (Riesling, Chablis) servieren.

Ebenso können Sie **Merlanfilets in Stachelbeersoße** oder **Zanderfilet in Stachelbeersoße** bereiten. Allerdings sollten diese nicht zu Röllchen geformt werden, dadurch verkürzt sich die Pochierzeit um etwa 2 Minuten.

Hummerkrabbenspieße mit Lychees

4 Portionen à ca. 1345 kJ (320 kcal)

400 g geschälte Hummerkrabben (frisch oder tiefgekühlt), 2 Eßl. Zitronensaft oder Sherryessig, 200 g große, frische Champignons, 40 g Butter, Salz, weißer Pfeffer aus der Mühle, 400 g frische Lychees (mit Schale gewogen), 6 Eßl. süße Sahne, 4 Eßl. trockener Sherry (Fino), 1 Prise gemahlener Ingwer, 1 Prise gemahlener Kurkuma.

Hummerkrabben (tiefgekühlte vorher auftauen lassen) abspülen, abtropfen lassen, auf Haushaltspapier ausbreiten und trockentupfen. In eine Schüssel geben, mit Zitronensaft oder Sherryessig vermischen und zugedeckt 10 Minuten marinieren.

In der Zwischenzeit die Champignons putzen, mit einem Küchentuch abreiben und längs halbieren.

Die Hummerkrabben abtropfen lassen, besser noch abtupfen. Abwechselnd mit den Champignons auf Spieße stecken.

Die Butter in einer großen Pfanne erhitzen und die Spieße darin rundherum etwa 4 Minuten braten. Auf einer vorgewärmten Platte anrichten und warm stellen.

Nebenher die Lychees schälen und die Kerne auslösen. Die Früchte kurz in dem heißen Bratfett andünsten, dann herausnehmen.

Den Fond mit Sahne und Sherry vermischen und etwas einkochen lassen. Mit Ingwer und Kurkuma, eventuell mit Salz nachwürzen. Die Lychees darin wieder erwärmen. Die Soße über die Spieße gießen. Diese rasch servieren.

Dazu Reis oder frisches Stangenweißbrot und einen Salat aus Sojabohnenkeimlingen in einer leichten mit Sojasoße gewürzten Essig-Öl-Marinade reichen. Als Getränk einen leichten, halbtrockenen Weißwein anbieten.

Tip: Wenn Sie keine frischen Lychees bekommen, verwenden Sie statt dessen 150 g Früchte aus der Dose.

Fischpfanne indonesische Art

Fischpfanne indonesische Art

4 Portionen à ca. 1780 kJ (425 kcal)

25 g getrocknete, chinesische Morcheln (Mu-Err), 1 Stange Lauch (Porree), 1 rote Paprikaschote, ½ frische Ananas (ca. 300 g Fruchtfleisch), 750 g Seelachsfilet, 2 Eßl. Zitronensaft, 5 Eßl. Sojaöl, 125 g Bambus aus der Dose (in dünne Scheiben geschnitten), 125 g Sojabohnenkeimlinge aus der Dose, Salz, 3 Eßl. Mehl, 3 Eßl. trockener Sherry (Fino), 3 Eßl. Sojasauce.

Die Morcheln mit kaltem Wasser bedecken und 1 bis 2 Stunden quellen lassen.
Lauch putzen, waschen, abtropfen lassen und in etwa 2 cm breite Ringe schneiden.
Paprikaschote an den Nahtstellen aufschneiden, von Samensträngen und Stengelansatz befreien, waschen, abtropfen lassen und in etwa 2 cm große Würfel schneiden.
Die geschälte Ananas vom harten Innenkern befreien, dann ebenfalls würfeln.
Fischfilet kurz abspülen, trockentupfen, in etwa 5 cm große Würfel schneiden und mit Zitronensaft beträufeln.
Die Pilze abgießen.
2 Eßlöffel Öl in einer tiefen Pfanne (oder einem chinesischen Wok-Topf) erhitzen, Lauch, Paprika, Ananas und Pilze hineingeben und bei nicht zu starker Hitze 5 Minuten unter Rühren anbraten. Danach den abgetropften Bambus und die Sojabohnenkeimlinge zufügen und alles noch etwa 2 Minuten köcheln lassen. Dann beiseite stellen.
Nebenher den Fisch trockentupfen, salzen und in Mehl wenden. Das restliche Öl erhitzen und die Fischstücke darin auf jeder Seite braun braten.
Das Gemüse mit Sherry und Sojasauce abschmecken, wieder erhitzen und zu dem Fisch geben. Alles rasch auf einer vorgewärmten Servierplatte zu Tisch bringen.
Als Beilage körnig gekochten Reis reichen. Als Getränk einen leichten, trockenen Weißwein oder Bier anbieten.

Kabeljau in Orangensoße

4 Portionen à ca. 2265 kJ (540 kcal)

1000 g küchenfertiger Kabeljau, Saft von 1 Zitrone, 200 g blaue Weintrauben, 4 Orangen, 2 kleine Zwiebeln, 50 g Zucker, 75 g Butter oder Margarine, Salz, ½ Teel. Ingwerpulver, 1 Teel. Mehl, etwas Worcestersauce, 2 cl Orangenlikör (Grand Marnier oder Cointreau).

Den Fisch in 4 Portionsstücke teilen, kurz abspülen und abtropfen lassen. Die Haut an der Oberseite mehrmals quer einritzen. Die Fischstücke mit Zitronensaft übergießen und 10 bis 15 Minuten ziehen lassen.
Weintrauben waschen, abtrocknen, die Beeren abzupfen und längs halbieren, evtl. entkernen.
2 Orangen dick schälen, damit die weiße Innenhaut gleich mit entfernt wird. Mit einem scharfen, spitzen Messer die Filets aus den Innenhäuten lösen. Die beiden anderen Orangen auspressen.
Die Zwiebeln schälen und sehr fein hacken.
Zucker bei mittlerer Hitze in einer kleinen Pfanne schmelzen und unter Rühren hellbraun werden lassen. Den Orangensaft zugießen und zu einem Sirup einkochen.
Nebenher in einer zweiten, großen Pfanne Butter oder Margarine erhitzen.
Die Fischstücke mit Haushaltspapier abtrocknen, mit Salz und Ingwerpulver einreiben und auf beiden Seiten bei großer Hitze anbraten. Dann die Pfanne zudecken und die Hitze reduzieren. Den Fisch in 6 bis 8 Minuten gar dünsten, herausnehmen und warm stellen.
Die Zwiebelwürfel in das Bratfett geben, glasig dünsten und mit Mehl bestäuben. Den Orangensirup zugießen und alles einmal aufkochen lassen. Die Soße mit Worcestersauce, Orangenlikör und Salz abschmecken.
Orangenschnitze und Weinbeeren in der Soße erwärmen. Die Fischstücke auf vorgewärmten Tellern anrichten, mit der Soße umgießen.
Dazu überbackene Rahmkartoffeln und einen halbtrockenen Weißwein (Ruländer) reichen.

Kabeljau in Orangensoße

Limetten-Forellen

4 Portionen à ca. 1795 kJ (430 kcal)

4 ganz frische, küchenfertige Forellen von je ca. 300 g, 3 unbehandelte Limetten, ¼ l trockener Weißwein, ¼ l Fleischbrühe (noch besser Fischbrühe aus Fischabfällen), 1 Lorbeerblatt, 2 Wacholderbeeren, 4 Pimentkörner, 1 Bund Petersilie, 1 Teel. Salz, 3 Eigelb, 100 g Butter, 1 Prise Cayennepfeffer, 1 Eßl. gehackter Kerbel.

Forellen innen und außen abspülen, dann häuten und vorsichtig filetieren.
Die Limetten unter lauwarmem Wasser abbürsten, dann abtrocknen. Von einer Limette die Schale mit einem Julienne-Kratzer abziehen oder ganz dünn schälen und in hauchzarte Streifchen schneiden. Zugedeckt beiseitestellen. Limette auspressen und die Filets mit dem Saft beträufeln. 10 Minuten ziehen lassen.
Die zweite Limette halbieren, eine Hälfte entsaften und den Saft beiseitestellen. Die zweite Hälfte in dünne Scheiben schneiden und zusammen mit Weißwein, Brühe, Lorbeerblatt, Wacholderbeeren, Pimentkörnern und der abgespülten Petersilie in einen Topf geben. Darauf einen Siebeinsatz stellen. Die Flüssigkeit zum Kochen bringen. Die Forellenfilets nebeneinander in den Siebeinsatz legen und zugedeckt in 12 bis 15 Minuten gardämpfen. Dann auf einer

vorgewärmten Platte anrichten, mit Folie abdekken und warm stellen.
Den Fond durch ein Sieb gießen, unter kräftigem Rühren mit dem Schneebesen auf etwa 1/8 l reduzieren. Mit den Eigelb vermischen und bei milder Hitze unter ständigem Schlagen dickcremig werden lassen.
Die Butter in Flöckchen zufügen, dabei jeweils immer ein Butterstück ganz auflösen lassen, ehe das nächste hineingegeben wird. Zum Schluß tropfenweise den Limettensaft zufügen. Mit Salz und Cayennepfeffer abschmecken.
Die dritte Limette in 8 dünne Scheiben schneiden.
Die Fischfilets mit der Soße überziehen, mit Kerbel bestreuen und jedes Filet mit einer Limettenscheibe garnieren.
Dazu kleine Kartoffelkugeln und einen Eichblattsalat in einer leichten Zitronen-Öl-Soße servieren. Als Getränk einen trockenen Weißwein reichen (Ruländer oder Müller-Thurgau).
Hinweis: Eine genaue Beschreibung über die Zubereitung von Fischfond („Fumet“ und „Court-bouillon“) finden Sie im burda-Kochbuch K 207 „Klassische Küche auf neue Art“.

Seezungenfilets auf normannische Art

4 Portionen à ca. 2385 kJ (570 kcal)

12 Seezungenfilets von je ca. 60 g, Saft einer Zitrone, Salz, 4 große, säuerliche Äpfel, 80 g Butter, 1/8 l trockener Weißwein, 1 Prise gemahlene Nelken, 1 Prise gemahlener Zimt, 1 kräftige Prise Zucker, 3 Schalotten, 1 Becher süße Sahne (200 g), 2 cl Calvados (Apfelschnaps), ersatzweise Weinbrand.

Die Seezungenfilets kurz kalt abspülen, abtropfen lassen und mit Haushaltspapier trockentupfen. Auf eine Arbeitsplatte legen, mit Zitronensaft beträufeln, mit Salz dünn bestreuen und 10 Minuten ziehen lassen.
In der Zwischenzeit die Äpfel schälen. 2 Äpfel achteln, entkernen und in etwa 5 mm dicke Scheiben schneiden.
30 g Butter erhitzen und die Äpfel darin kurz andünsten. Wein angießen, mit Nelken, Zimt und Zucker würzen und einmal aufkochen. Den Wein dann abgießen, jedoch auffangen.
Die übrigen Äpfel mit einem Kernausstecher

Seezungenfilets auf normannische Art

von ihrem Kerngehäuse befreien und in etwa 3 mm dicke Scheiben schneiden.
Die Schalotten schälen und feinhacken.
30 g Butter in einer feuerfesten Form erhitzen, die Schalotten darin glasig braten, die Apfelscheiben darauflegen und mit dem Wein begießen.
Die gedünsteten Apfelstücke auf die Seezungenfilets verteilen und diese zu Röllchen drehen. Die Röllchen in die Form setzen und mit Sahne und Calvados übergießen. Die restliche Butter in Flöckchen darauf verteilen. Die Form mit einem Deckel oder mit Alufolie verschließen und in den auf 220° (Gas Stufe 4) vorgeheizten Backofen schieben. Den Fisch in 20 Minuten garen, nach 15 Minuten Deckel oder Folie entfernen. Die Seezungenröllchen in der Form servieren.
Dazu Kartoffelkugeln mit Petersilie und Zartgemüse wie Zuckerschoten, Brokkoliröschen oder grünen Spargel servieren. Als Getränk ist ein leichter, halbtrockener Weißwein zu empfehlen.

Einheimisches Obst und exotische Früchte zeigen sich von ihrer besten Seite

Hitparade süßer Hauptg

chte

Französischer Kirschauflauf
Rezept nächste Seite

Französischer Kirschauflauf

(Clafoutis)
(Foto Seite 68/69)

4 Portionen à ca. 3650 kJ (870 kcal)

125 g Mehl, 125 g feiner Zucker, 1 Prise Salz, ausgeschabtes Mark einer Vanilleschote, 5 Eier, ¼ l Milch, 1 Becher süße Sahne (200 g), 2 Eßl. feinstes Speiseöl (Traubenkern- oder Walnußöl), 3 cl Kirschwasser, 1500 g schwarze Süßkirschen, Butter oder Margarine zum Einfetten, Puderzucker zum Bestäuben.

Mehl und Zucker mit Salz und Vanillemark in einer Schüssel vermischen. Die Eier einzeln aufschlagen und mit einem Schneebesen unterrühren. Milch und Sahne unter ständigem Rühren in einem dünnen Strahl einlaufen lassen. So lange weiterrühren, bis ein glatter, dünner Teig entstanden ist. Erst zum Schluß Öl und Kirschwasser zufügen und den Teig zugedeckt 1 Stunde ruhen lassen.

In der Zwischenzeit die Kirschen waschen, entstielen, auf Haushaltspapier legen und trockentupfen. Dann erst entsteinen.

Eine runde Auflaufform mit Butter oder Margarine einfetten, den Teig einfüllen und mit den Kirschen belegen. Den Auflauf in dem auf 180° (Gas Stufe 2) vorgeheizten Backofen in 45 Minuten garen.

Kirschauflauf mit Puderzucker bestäuben und in der Form servieren.

Vor dem Auflauf eine leichte Bouillon reichen, als Abschluß dann eine Käseplatte. Als Getränk zu dem Auflauf nur Mineralwasser oder Weißweinschorle anbieten.

Variationen: Obwohl der Clafoutis immer mit Kirschen zubereitet wird, kann man mit dem Teig auch Aufläufe von Aprikosen, Äpfeln oder Birnen bereiten. Natürlich mit dem entsprechenden „Geist", wobei zu Äpfeln echter Calvados besonders gut schmeckt!

Pfirsichpfannkuchen

Pfirsichpfannkuchen

4 Portionen à ca. 3275 kJ (780 kcal)

225 g Mehl, 80 g Zucker, 2 gehäufte Teel. Backpulver, 1 Msp. gemahlener Zimt, ausgeschabtes Mark einer viertel Vanilleschote, knapp ½ l Milch, 2 Eier, 1 Prise Salz, 1500 g Pfirsiche, 2 Eßl. Zitronensaft, Öl zum Braten, 40 g Butter, 4 Eßl. flüssiger Honig.

Mehl, Zucker, Backpulver, Zimt und Vanillemark in einer Schüssel mischen. Die Milch in einem dünnen Strahl einlaufen lassen, dabei ständig mit dem Schneebesen rühren. Alles zu einem glatten, flüssigen Teig verrühren. Dann erst die aufgeschlagenen Eier und das Salz zufügen. Den Teig 20 Minuten ruhen lassen.

In der Zwischenzeit die Pfirsiche mit kochendem Wasser überbrühen, häuten, halbieren und das Fruchtfleisch von den Steinen ablösen. Die Pfirsichhälften längs vierteln, dann in etwa 3 mm dicke Scheiben schneiden. Mit Zitronensaft beträufeln und beiseite stellen.

Aus dem Teig in einer kleinen Pfanne nacheinander mit sehr wenig Öl 16 Pfannkuchen backen. So lange warm halten, bis alle fertig sind.

Die Butter in einer Stielpfanne erhitzen, jedoch nicht braun werden lassen. Butter abschäumen, mit dem Honig vermischen und alles unter Rühren zu einer glatten Mischung werden lassen.

Jeweils 4 Pfannkuchen mit Pfirsichstücken belegen und übereinander auf einen Portionsteller schichten, dann in Viertel schneiden und mit der Butter-Honig-Soße übergossen rasch servieren.
Als Getränk paßt der Süße wegen einfaches Mineralwasser am besten. Als Vorspeise kann man eine leichte Gemüsesuppe reichen.

Kuchenauflauf mit Zwetschen

4 Portionen à ca. 2140 kJ (510 kcal)

1000 g Spätzwetschen, 1 unbehandelte Orange, 250 g Reste von einem Rührkuchen, 4 Eier, 1/4 l Milch, 60 g Zucker, 1 Päckchen Backpulver, 1 Prise Salz, Butter oder Margarine zum Einfetten, Semmelbrösel zum Ausstreuen, Puderzucker zum Bestäuben.

Zwetschen waschen, abtropfen lassen, an der Nahtstelle aufschneiden und entsteinen.
Die Orange unter lauwarmem Wasser abbürsten, dann die Schale abreiben. Den Saft auspressen.
Kuchenreste in etwa 1 cm dicke Scheiben schneiden, dann zerbröseln.
Die Eier trennen. Eigelb mit Milch, Zucker, Orangenschale und Backpulver verrühren. Eiweiß mit dem Salz zu steifem Schnee schlagen und unterheben.
Eine Auflaufform mit Butter oder Margarine einfetten, mit Semmelbröseln ausstreuen und eine Schicht Kuchenbrösel hineingeben. Mit dem Orangensaft beträufeln. Darüber eine Lage Zwetschen, dann wieder Kuchenbrösel, Zwetschen und am Schluß Kuchenbrösel. Die Brösel jeweils mit Orangensaft beträufeln. Zum Schluß die Eiermasse darübergießen.
Den Auflauf in dem auf 220° (Gas Stufe 4) vorgeheizten Backofen 45 Minuten backen. Dann mit Puderzucker bestäuben und rasch servieren.
Dazu schmeckt kalte Vanillesoße.
Wollen Sie den Auflauf kalt essen, reichen Sie heiße Vanille- oder Schokoladensoße dazu.
Statt mit Zwetschen kann man auch **Kuchenauflauf mit Birnen** bereiten.

Johannisbeer-Quark-Auflauf

4 Portionen à ca. 3315 kJ (795 kcal)

1/4 l Milch, 1/2 Vanilleschote, 150 g Zucker, 2 Eßl. Speisestärke, 3 Eier, 500 g Speisequark, 500 g rote Johannisbeeren, 50 g in Stifte geschnittene Mandeln, 2 cl weißer Rum, 200 g Butterkekse, Puderzucker zum Bestäuben.

Von der Milch 6 Eßlöffel abnehmen und in eine Tasse geben.
Die Vanilleschote aufschlitzen, das Mark herauskratzen und mit der Schote in die Milch geben. Die Milch zum Kochen bringen, vom Herd nehmen und 5 Minuten ziehen lassen. Die Vanilleschote herausnehmen.
Die Speisestärke und 100 g Zucker zu der Milch in der Tasse geben und alles glatt verrühren, dann in die heiße Milch gießen. Alles unter Rühren einmal aufkochen lassen. Vom Herd nehmen und in einem kalten Wasserbad etwas abkühlen lassen.
Eier trennen, Eigelb mit etwas Vanille-Flammeri vermischen und den Flammeri damit legieren. Den Speisequark auch hineinrühren.
Johannisbeeren waschen, gründlich abtropfen lassen und von den Rispen streifen. Mit den Mandeln und dem Rum vermischen.
Eiweiß zu schnittfestem Schnee schlagen, dabei nach und nach den restlichen Zucker einrieseln lassen. So lange weiterschlagen, bis der Zucker sich ganz aufgelöst hat. Dann unter den Quark ziehen.
In eine ovale Auflaufform zuerst eine Lage Butterkekse geben, darauf etwa 1/3 der Quarkmischung verteilen und mit der Hälfte der Johannisbeeren bestreuen. Darauf die restlichen Butterkekse legen, wieder Quarkmasse und die restlichen Johannisbeeren daraufgeben. Mit dem letzten Drittel der Quarkmischung bedekken. Auflauf in dem auf 180° (Gas Stufe 2) vorgeheizten Backofen in 45 Minuten goldgelb backen.
Auflauf nur etwas abkühlen lassen, dann rasch mit Puderzucker bestäuben und servieren.
Als Dessert ist der Auflauf für 6 bis 8 Personen ausreichend.

Kirschenmichel

4 Portionen à ca. 2995 kJ (715 kcal)

5 altbackene Brötchen, 1/4 l Milch, 4 Eigelb, 60 g Zucker, 1 Päckchen Vanillezucker, 1 Teel. Zimt, abgeriebene Schale einer halben unbehandelten Zitrone, 40 g Semmelbrösel, 50 g geriebene Mandeln, 1000 g dunkle Süßkirschen, 2 cl Weinbrand oder Kirschwasser, 3 Eiweiß, 1 Prise Salz, 40 g Butter oder Margarine, Puderzucker zum Bestreuen.

Die Brötchen in dünne Scheiben schneiden und in eine Schüssel geben. Die Milch zum Kochen bringen, über die Brötchenscheiben gießen und diese weich werden lassen.
Eigelb mit Zucker, Vanillezucker, Zimt und Zitronenschale schaumig rühren.
Die Brotscheiben zu einer glatten Masse verkneten, zusammen mit den Semmelbröseln und den Mandeln zu der Eigelbcreme geben und alles zu einem glatten Teig verarbeiten.
Kirschen entstielen, waschen, gründlich abtropfen lassen, entsteinen und mit Weinbrand oder Kirschwasser mischen.
Eiweiß mit dem Salz zu schnittfestem Schnee schlagen. Unter den Teig ziehen.
Eine feuerfeste Form üppig mit Butter oder Margarine einfetten. Mit Teig beginnend abwechselnd Teig und Kirschen einfüllen. Den Abschluß muß eine Lage Teig bilden. Die restliche Butter oder Margarine in kleinen Flöckchen auf die Oberfläche setzen. Den Kirschenmichel in dem auf 200° (Gas Stufe 3) vorgeheizten Backofen 45 bis 50 Minuten backen.
Sofort dick mit Puderzucker bestäuben und rasch servieren. Dazu schmeckt kalte Vanillesoße.
Hinweis: Kirschenmichelreste schmecken auch kalt als Kaffeegebäck mit Schlagsahne.
Aus der gleichen Grundmasse bereiten Sie einen **Scheiterhaufen**, bei dem allerdings die Kirschen durch 750 g in dünne Schnitze geteilte Äpfel ersetzt werden. Zusätzlich können noch ein paar in Rum getränkte Rosinen oder Korinthen hineingegeben werden.

Apfel-Pie

4 Portionen à ca. 3085 kJ (740 kcal)

250 g Mehl, 20 g Hefe, 8 Eßl. lauwarme Milch, 1/2 Teel. Zucker, 65 g Butter, 1 großes Ei, 1000 g süß-säuerliche Äpfel (Cox Orange, Jonathan), 100 g kernlose Sultaninen, 2 Päckchen Vanillezucker, abgeriebene Schale einer halben unbehandelten Zitrone, 1/8 l Weißwein, 50 g gehackte Walnüsse, Mehl zum Ausrollen, Butter oder Margarine zum Einfetten, 1 Eigelb zum Bestreichen.

Mehl in eine Schüssel geben, in die Mitte eine Vertiefung drücken. Die Hefe hineinbröckeln, mit etwas Milch und Zucker zu einem Vorteig verrühren und zugedeckt an einem warmen Ort 15 Minuten gehen lassen.
Die Butter zerlassen, jedoch nicht zu heiß werden lassen, eventuell abschäumen. Mit dem Ei und der restlichen Milch zu dem Vorteig geben und alles mit den Knethaken des Handrührgeräts so lange verkneten, bis der Teig Blasen wirft. Mit einem Tuch bedeckt 40 Minuten bei Raumtemperatur gehen lassen.
In der Zwischenzeit die Füllung bereiten. Die Äpfel schälen, vierteln, entkernen, von Blüten- und Stengelansätzen befreien und in dünne Schnitze teilen. Mit den abgespülten, abgetropften Sultaninen, dem Vanillezucker, der Zitronenschale und dem Wein in einen Topf geben. Zugedeckt einmal aufkochen lassen. Vom Herd nehmen und mit den Walnüssen vermischen.
Den Hefeteig in vier gleichgroße Stücke teilen und jedes auf der bemehlten Arbeitsfläche im Durchmesser von 16 cm ausrollen. In die Mitte jedes Teigfladens ein kreisrundes Loch stechen. Aus diesen Teigresten eventuell Garnierungen ausstechen.
4 kleine Auflaufformen von 12 cm Durchmesser mit Butter oder Margarine einfetten und die Apfelfüllung hineingeben. Jeweils einen Teigfladen darüberdecken, so daß er am Rand überlappt.
Das Eigelb mit einigen Tropfen Wasser verquirlen und die Teigdecke damit bestreichen. Die Pies in dem auf 200° (Gas Stufe 3) vorgeheizten Backofen 25 bis 30 Minuten backen. Dann warm servieren.

Apfel-Pie

Guaven-Apfel-Pie

Guaven-Apfel-Pie

4 Portionen à ca. 3620 kJ (865 kcal)

200 g Mehl, 1 Prise Salz, 150 g weiche Butter oder Margarine, 2–3 Eßl. kaltes Wasser, 1 Päckchen Vanillezucker, 750 g Boskop-Äpfel, 3 Guaven von je ca. 120 g, Mehl zum Ausrollen, abgeriebene Schale einer halben unbehandelten Zitrone, 40 g Zucker, 100 g gehackte Mandeln, 1 Ei.

Das Mehl in eine Schüssel sieben, Salz, Butter oder Margarine in Flöckchen, Wasser und Vanillezucker zufügen und alles mit den Knethaken des Handrührgeräts zu einem geschmeidigen Teig kneten. Den Teig zu einer Kugel formen, auf einen Teller legen und mit Folie abgedeckt mindestens 30 Minuten in den Kühlschrank stellen.

In der Zwischenzeit die Äpfel und Guaven schälen. Die Guaven halbieren und die schleimigen Fruchtfleischteile mit einem Teelöffel herausschaben. Die Äpfel vierteln, entkernen und von Stengel- und Blütenansätzen befreien. Äpfel und Guaven in Schnitze teilen.

Den Teig auf der bemehlten Arbeitsfläche im Durchmesser von etwa 26 cm ausrollen und in der Mitte ein Teigstück von etwa 3 cm Durchmesser ausstechen.

Die Früchte in eine Pie-Form von etwa 24 cm Durchmesser füllen, mit Zitronenschale, Zucker und Mandeln bestreuen. Mit der Teigplatte bedecken, den Teigrand in die Form drücken.

Das Ei trennen (Eiweiß beiseite stellen, siehe Tip). Das Eigelb verrühren und die Teigoberfläche damit einpinseln. Die Pie in den auf 220° (Gas Stufe 4) vorgeheizten Backofen schieben und 45 Minuten backen. Heiß in der Form servieren.

Dazu eiskalte Vanillesoße oder halbsteif geschlagene Sahne reichen.

Tip: Sind Teigreste vorhanden, kann man daraus Sterne, Halbmonde und ähnliches ausstechen und mit etwas Eiweiß als Garnierung auf die Pie kleben.

Auf die gleiche Art wie die Guaven-Apfel-Pie kann man **Kirsch-Pie** (mit etwas Zimtpulver und gemahlenen Nelken gewürzt), **Birnen-Pie** (auch mit Zimt und Nelken gewürzt) oder **Blaubeeren-Pie** (mit reichlich gemahlener Orangenschale gewürzt) zubereiten.

Puddingauflauf mit Kakipüree

Puddingauflauf mit Kakipüree

4 Portionen à ca. 3415 kJ (815 kcal)

120 g Butter, 120 g Zucker, ausgeschabtes Mark einer halben Vanilleschote, abgeriebene Schale einer unbehandelten Zitrone, 120 g Mehl, 3/8 l Milch, 6 Eier, 1 Prise Salz, 1 Teel. Zitronensaft, Butter oder Margarine zum Einfetten, 2 Eßl. gemahlene Haselnüsse zum Ausstreuen, 3 reife Kakifrüchte (siehe auch Seite 136–141), Saft einer Orange, 2 cl Orangenlikör (Grand Marnier, Cointreau).

Butter und Zucker mit dem Vanillemark und der Zitronenschale schaumig rühren, bis sich der Zucker ganz gelöst hat. Dann das Mehl darübersieben und untermischen. Die Milch in einem dünnen Strahl einlaufen lassen, dabei ständig mit dem Schneebesen oder den Rührstäben des Handrührgeräts rühren. Die Mischung in einen Topf geben, auf den Herd stellen und bei nicht zu starker Hitze so lange weiterrühren, bis sich ein Kloß gebildet hat. Den Topf dann vom Herd nehmen.

Die Eier trennen. Eigelb einzeln unter den Teig ziehen.

Eiweiß mit Salz und Zitronensaft zu schnittfestem Schnee schlagen und locker, aber gründlich mit dem Teig mischen.

Eine hohe Auflaufform mit Butter oder Margarine einfetten und mit Haselnüssen ausstreuen. Die Auflaufmasse einfüllen. Den Auflauf in dem auf 180° (Gas Stufe 2) vorgeheizten Backofen in 35 bis 40 Minuten garen.

In der Zwischenzeit die Kakifrüchte von den Blattansätzen befreien, halbieren und das Fruchtfleisch mit einem Löffel herausheben. Dann im Mixer pürieren und dabei mit Orangensaft und Orangenlikör verrühren. Oder das Fruchtfleisch durch ein Sieb streichen und dann mit Saft und Likör verrühren.

Den Auflauf in der Form warm servieren, das Püree getrennt dazu reichen.

Variation: Etwas üppiger wird der Auflauf, wenn man zusätzlich noch 50 g gemahlene Mandeln oder Haselnüsse oder in Rum getränkte Rosinen in den Teig gibt.

Pikante Fruchtspieße

4 Portionen à ca. 3190 kJ (760 kcal)

2 säuerliche Äpfel, 2 große Birnen, 2 Bananen, 4 Kiwis, 200 g in 5 mm dicke Scheiben geschnittener gekochter Vorderschinken, 200 g durchwachsener Speck, 30 g Butter, etwas Cayennepfeffer, 100 g geriebener Emmentaler Käse.

Äpfel und Birnen schälen, vierteln, entkernen, von Blüten- und Stengelansätzen befreien und in etwa 1 cm dicke Scheiben schneiden.
Die geschälten Bananen und die geschälten Kiwis in etwa 5 mm dicke Scheiben schneiden.
Den Schinken in, den Apfelstücken entsprechend, große Stücke, den Speck in hauchdünne Scheiben schneiden.
Alles abwechselnd auf Grillspieße stecken, auf den Grillrost legen und unter den vorgeheizten Grill schieben. Etwa 7 Minuten unter ständigem Wenden grillen.
Die Butter zerlassen und die Spieße damit ständig bestreichen.
Die fertigen Spieße mit etwas Cayennepfeffer würzen, auf einer Platte anrichten und mit Käse bestreut servieren.
Dazu schmecken mit Kokosraspeln gemischter Reis und Mango-Chutney.

Honigäpfel mit Rosinenreis

4 Portionen à ca. 2900 kJ (695 kcal)

200 g Langkornreis (parboiled), 1 Prise Salz, 100 g kernlose Sultaninen, 50 g Korinthen, 6 Eßl. Rum, 4 eingelegte Ingwerpflaumen, 50 g Walnußkerne, 6 Eßl. Honig, ½ Teel. Zimtpulver, 1 Prise Nelkenpulver, 4 große säuerliche Äpfel (Boskop, Gloster, Melrosum), 40 g Butter.

Den Reis mit knapp ½ l Wasser und Salz in einem offenen Topf sprudelnd aufkochen lassen. Dann im geschlossenen Topf bei ganz schwacher Hitze in 20 Minuten ausquellen lassen.
Sultaninen und Korinthen in Rum einweichen.
Ingwerpflaumen abtropfen lassen und feinhacken.
Die Walnußkerne ebenfalls hacken.
Den Reis mit Sultaninen, Korinthen, Ingwer-

Honigapfel mit Rosinenreis

pflaumen, Walnußkernen und mit etwa 4 Eßlöffeln Honig, Zimt und Nelken vermischen.
Die Äpfel waschen, abtrocknen und die Stiele herausdrehen, die Blütenansätze herausschneiden. Oben einen Deckel abschneiden. Die Kerngehäuse mit einem spitzen Messer großzügig herausschneiden. Die Höhlungen mit einem Teil der Reismischung füllen. Den restlichen Reis warm halten.
Butter schmelzen lassen und mit einem Teil davon eine kleine feuerfeste Form einfetten. Die Äpfel hineinsetzen und die Deckel auflegen. Die restliche Butter mit dem restlichen Honig verrühren und die Äpfel damit einpinseln. Die Form in den auf 220° (Gas Stufe 4) vorgeheizten Backofen schieben und die Äpfel etwa 25 Minuten braten. Dabei hin und wieder mit der Butter-Honig-Mischung einpinseln, bis diese ganz verbraucht ist.
Die Äpfel auf vorgewärmte Teller setzen und mit dem restlichen Reis umlegen. Eventuell ausgetretenen Saft über die Äpfel träufeln.
Die Äpfel mit Rosinenreis schmecken nach einer leichten Suppe als Hauptgericht, können aber auch nach einem Fischgang als Dessert gereicht werden. Dann sollte man allerdings den Reis nur aus der halben Menge der Zutaten bereiten und etwas kleinere Äpfel nehmen.

Hefepudding mit Cranberry-Soße

4 Portionen à ca. 5065 kJ (1210 kcal)

30 g frische Hefe, knapp 1/4 l lauwarme Milch, 280 g Zucker, 80 g kernlose Rosinen, 2 Eßl. Rum, 50 g kandierte Kirschen, 50 g Orangeat oder Zitronat, 100 g Butter, 3 Eier, 400 g Mehl, abgeriebene Schale einer unbehandelten Zitrone, 1 Prise Salz, Butter oder Margarine zum Einfetten, 2 Eßl. gemahlene Mandeln zum Ausstreuen, 1 Pckg. (ca. 350 g) Cranberries (amerikanische, große Preiselbeeren), 2 Orangen, ausgeschabtes Mark einer Vanilleschote.

Hefe in einem Schälchen mit etwas Milch und 1 Teelöffel Zucker verrühren. Zugedeckt an einem warmen Ort um das Doppelte aufgehen lassen.

In der Zwischenzeit die Rosinen waschen, abtropfen lassen und mit Rum übergießen.

Die kandierten Kirschen und Orangeat oder Zitronat feinhacken.

Die Butter mit 80 g Zucker schaumig rühren, dann nach und nach die Eier zugeben. Wenn sich der Zucker ganz gelöst hat, das Mehl über die Ei-Fett-Mischung sieben. Den Hefevorteig, die abgetropften Rosinen, die gehackten, kandierten Früchte, die restliche Milch und die Zitronenschale zufügen. Alles zu einem geschmeidigen Teig kneten, diesen noch mal 10 bis 15 Minuten an einem warmen, zugfreien Ort gehen lassen. Erst ganz zum Schluß das Salz zufügen und den Teig noch mal durchkneten.

Eine 2-l-Puddingform mit Butter oder Margarine einfetten und mit den Mandeln ausstreuen. Den Teig einfüllen. Die Puddingform schließen und in einen großen Topf stellen. So viel kochendes Wasser angießen, daß die Form zu dreiviertel darin steht. Den Pudding im geschlossenen Topf in etwa 90 Minuten garen. Dabei sollte das Wasser nur leise köcheln, nicht sprudelnd kochen.

In der Zwischenzeit die Cranberries waschen und abtropfen lassen.

Die Orangen schälen und in Segmente teilen. Beides durch die grobe Scheibe des Fleischwolfs drehen. Den restlichen Zucker und das Vanillemark zufügen und die Masse mit den Rührstäben des Handrührgeräts oder der Küchenmaschine so lange rühren, bis sich der Zucker ganz gelöst hat.

Die Puddingform aus dem Wasserbad heben, den Deckel öffnen und den Pudding einige Minuten ausdämpfen lassen. Dann auf eine Platte stürzen und mit einem Teil der Cranberry-Soße umgießen. Die übrige Soße getrennt reichen. Den Pudding erst bei Tisch aufschneiden.

Hinweis: Der Pudding schmeckt warm und kalt.

Brotpudding mit Kirschen

4 Portionen à ca. 3135 kJ (750 kcal)

500 g altbackenes Weißbrot, 1/2 l halbtrockener Weißwein, 1000 g dunkle Süßkirschen, 80 g Puderzucker, 50 g Butter, 4 Eier, 1 Teel. gemahlener Zimt, 1 Prise Salz, Butter oder Margarine zum Einfetten, Semmelbrösel zum Ausstreuen.

Das Weißbrot in kleine Würfel schneiden, in eine Schüssel geben, mit dem Wein übergießen.

Kirschen entstielen, waschen, gründlich abtropfen lassen und entsteinen.

Das Weißbrot durch ein Sieb streichen oder mit dem Schneidstab des Handrührgeräts zu einem glatten Püree verarbeiten. Mit dem Puderzucker vermischen.

Die Butter schmelzen lassen, jedoch nicht erhitzen.

Zwei Eier trennen, Eiweiß beiseite stellen. Eigelb mit den zwei übrigen Eiern und der Butter unter den Brotteig heben. Mit Zimt abschmecken.

Eiweiß mit dem Salz zu steifem Schnee schlagen, unter den Brotteig ziehen. Zum Schluß Teig und Kirschen vermischen.

Eine Puddingform mit Butter oder Margarine einfetten und mit Semmelbröseln ausstreuen. Den Teig einfüllen. Die Form schließen und in ein kochendes Wasserbad stellen. Den Pudding 60 Minuten garen.

Die Form öffnen, den Pudding etwas ausdämpfen lassen, dann stürzen und heiß servieren.

Dazu schmeckt kalte Vanille- oder Schokoladensoße, aber auch halbsteifgeschlagene, mit Vanillezucker abgeschmeckte Sahne.

Hefepudding mit Cranberry-Soße

Amerikanische Schichtspeise

4 Portionen à ca. 2340 kJ (560 kcal)

100 g Langkornreis (parboiled), 1 Prise Salz, knapp ¼ l Wasser, ½ l Milch, ½ Vanilleschote, Schale einer halben unbehandelten Zitrone, 40 g Speisestärke, 100 g Zucker, 2 Eigelb, 3 Eßl. süße Sahne, 4 Eßl. Instant-Kakaopulver, 4 saftige Äpfel (Jonathan, Golden Delicious), 4 reife Birnen (Williams Christ, Kaiserbirnen), 1 Teel. Zimtpulver.

Reis mit Salz und Wasser im offenen Topf sprudelnd aufkochen lassen, dann bei milder Hitze zugedeckt 20 Minuten garen.
Die Milch mit der aufgeschnittenen, ausgeschabten Vanilleschote, dem Vanillemark und der Zitronenschale aufkochen und neben dem Herd 5 Minuten ziehen lassen. Vanilleschote und Zitronenschale dann entfernen.
Speisestärke mit 90 g Zucker und etwas Wasser glattrühren. Mit dem Schneebesen in die Milch rühren. Die Mischung noch einmal aufkochen lassen, dabei ständig weiterrühren. Den so entstandenen Flammeri in 2 Hälften teilen.
Eigelb mit Sahne und etwas Flammeri verquirlen und die eine Hälfte damit legieren. In die andere Hälfte das Instant-Kakaopulver einrühren. Beide Hälften mit je der Hälfte Reis mischen.
Äpfel und Birnen vierteln, schälen, entkernen, von Blüten- und Stengelansätzen befreien und in etwa 5 mm dicke Scheiben schneiden. Von den Äpfeln einige Stücke beiseite legen.
Nun helle und dunkle Reismischung abwechselnd mit Äpfeln und Birnen in eine Servierschale füllen. Den Abschluß sollte die dunkle Mischung bilden. Darauf die restlichen Äpfel anordnen. Den restlichen Zucker mit dem Zimt vermischen und die Äpfel damit bestreuen.
Diese Speise kann kalt oder warm gegessen werden. Wer sie kalt essen möchte, läßt Flammeri und Reis vor dem Vermischen abkühlen. Das Obst dann auch erst unmittelbar vor dem Servieren zubereiten, da es bei zu langem Stehen zuviel Saft ziehen und sich verfärben würde.

Ananaspudding

4 Portionen à ca. 2465 kJ (590 kcal)

1 frische Ananas von ca. 1250 g (siehe auch Seite 136–141), 6 Eier, 135 g Zucker, ausgeschabtes Mark einer halben Vanilleschote, 150 g Mehl, 1 Prise Salz, 1 Teel. Zitronensaft, 50 g Butter oder Margarine.

Von der Ananas die Blattkrone und den Stengelansatz großzügig abschneiden. Die Frucht schälen, dabei die „Augen" mit einem scharfen Messer herauslösen. Die Frucht vierteln und den harten Innenkern herausschneiden.
Von einem Ananasviertel die Hälfte abschneiden und das Fruchtfleisch würfeln. Das übrige Fruchtfleisch im Mixer oder mit dem Schneidstab des Handrührgeräts pürieren. Alles zusammen einmal kurz aufkochen lassen, dann die Fruchtwürfel mit einer Schaumkelle herausnehmen und beiseite stellen.
Die Eier trennen. Eigelb mit 125 g Zucker und Vanillemark schaumig rühren, das Mehl darübersieben und locker unterziehen.
Eiweiß mit Salz und Zitronensaft zu schnittfestem Schnee schlagen. Auf die Eigelbmasse gleiten lassen, darauf das Ananaspüree geben und alles locker, aber gründlich vermischen.
Butter oder Margarine in einem kleinen Töpfchen schmelzen, eventuell abschäumen. Eine

2-l-Puddingform damit gut ausfetten und mit dem restlichen Zucker ausstreuen. Die restliche Butter oder Margarine tropfenweise in den Teig rühren.
Die Ananaswürfel in die Form geben und darauf den Teig gleiten lassen. Die Puddingform darf nur gut ³/₄ gefüllt sein. Die Form schließen und ins nur eben siedende Wasserbad stellen. Den Pudding 70 Minuten kochen lassen. Puddingform aus dem Wasserbad heben, die Form noch etwa 5 Minuten geschlossen lassen, dann öffnen und den Pudding auf einen tiefen Servierteller stürzen. Erst bei Tisch aufschneiden.
Dazu nach Belieben noch eiskalte Sahne oder Crème fraîche reichen.
Vor dem Pudding sollte man nur eine leichte Suppe servieren.
Wird der Pudding als Dessert gereicht, ist er für 8 Personen ausreichend.
Hinweis: Es ist wichtig, das Ananasfruchtfleisch vor der Zubereitung aufzukochen. Das frische Fruchtfleisch enthält ein Ferment, das Eiweiß zerstört. Erst durch die starke Hitze läßt diese Wirkung nach und der Pudding kann aufgehen.

Johannisbeer-Reis-Pudding

4 Portionen à ca. 2160 kJ (515 kcal)

200 g Rundkornreis, 1 Prise Salz, knapp ½ l Milch, 500 g rote Johannisbeeren, 150 g Zucker, 1 Päckchen Vanillezucker, abgeriebene Schale einer unbehandelten Zitrone, 6 Blatt weiße Gelatine, ¼ l süße Sahne, 150 g frische oder TK-Himbeeren.

Reis mit Salz und Milch zum Kochen bringen, die Hitze reduzieren und den Reis ausquellen lassen, dabei am Anfang kräftig umrühren, damit der Reis nicht ansetzt und die Milch nicht überkocht.
Die Johannisbeeren waschen, gründlich abtropfen lassen und von den Stielen zupfen. Mit 100 g Zucker vermischen. Die Beeren etwas zerdrücken, damit sie Saft ziehen. Immer wieder umrühren, bis sich der Zucker ganz aufgelöst hat.
Den restlichen Zucker zusammen mit dem Vanillezucker unter den Reis mischen. Den Reis im kalten Wasserbad abkühlen lassen.
Die Gelatine zusammenrollen und 10 Minuten in kaltem Wasser einweichen. Dann tropfnaß in einen kleinen Topf geben und bei milder Hitze auflösen. 2 Eßlöffel der Masse unter die Johannisbeeren mischen, den Rest in den Reis rühren.
Die Sahne steifschlagen. Sobald der Reis eben beginnt fest zu werden, die Sahne unterziehen. Eine Flammeriform kalt ausspülen und schichtweise Reis und Johannisbeeren einfüllen. Die Form in den Kühlschrank stellen und den Pudding fest werden lassen.
Frische Himbeeren verlesen, nur wenn nötig waschen, dann gut abtropfen lassen. TK-Früchte auftauen lassen. Die Früchte im Mixer pürieren.
Die Form mit dem Pudding kurz in heißes Wasser tauchen, den Pudding auf eine Servierplatte stürzen und dann mit dem Himbeerpüree umgießen.
Nach Belieben kann der Pudding noch mit einigen Johannisbeerrispen garniert werden. Sie können auch einige Johannisbeeren mit Saft beiseite stellen, ehe die Gelatine zugefügt wird. Diese Beeren geben Sie dann zusätzlich in das Himbeerpüree.

Johannisbeer-Reis-Pudding

Palatschinken mit Kapstachelbeeren

4 Portionen à ca. 2450 kJ (585 kcal)

200 g Mehl, ¼ l Milch, ⅛ l süße Sahne, 3 Eier, 1 Prise Salz, 1 Päckchen Vanillezucker, 1 Eßl. feinstes Öl (z. B. Traubenkernöl), 400 g Kapstachelbeeren, mit Hülle gewogen (siehe auch Seite 136–141), 2 Eßl. Zucker, 6 Eßl. Weißwein, ¼ Teel. Speisestärke, 1 cl Kirschwasser, Butter oder Margarine zum Braten, Puderzucker zum Bestäuben.

Das Mehl in eine Schüssel sieben. Milch, Sahne, Eier, Salz, Vanillezucker und Öl zufügen und alles mit den Schneebesen des Handrührgeräts zu einem glatten, geschmeidigen Teig verarbeiten. Den Teig zugedeckt bei Zimmertemperatur 1 Stunde quellen lassen.

In der Zwischenzeit die Kapstachelbeeren aus ihrer Umhüllung lösen, waschen, abtropfen lassen und die Früchte mit einer Nadel einige Male einstechen.

Mit Zucker und Weißwein in einen Topf geben und zum Kochen bringen. Rasch mit der in wenig Wasser aufgelösten Speisestärke binden, noch mal aufkochen, vom Herd nehmen und etwas abkühlen lassen. Erst dann das Kompott mit dem Kirschwasser vermischen.

Den Palatschinkenteig noch einmal kräftig durchrühren. Dann in einer kleinen Pfanne von ca. 16 cm Durchmesser mit nur wenig Fett kleine, dünne Pfannkuchen backen. Warm halten, bis alle Palatschinken fertig sind.

Die Palatschinken zusammenrollen, auf Portionstellern anrichten, mit Puderzucker bestäuben und jeweils in der Mitte mit dem Kapstachelbeerkompott übergießen.

Tip: Kapstachelbeeren sind recht teuer, darum sollte man diese Palatschinken zum Mittelpunkt eines kleinen, festlichen Menüs machen. Zum Beispiel kann man zuerst eine klare Ochsenschwanz- oder Schildkrötensuppe reichen, dann einen Krabbencocktail oder gratiniertes Kalbshirn (siehe burda-Kochbuch K 207 „Klassische Küche auf neue Art“) und nach den Palatschinken eine Käseplatte mit milden Käsesorten, Kräckern und Obst.

Oder man serviert die Palatschinken als Dessert, dann ist die Teigmenge jedoch für 8 Personen ausreichend. Die Menge der Kapstachelbeeren sollte man nicht reduzieren.

Kumquat-Kaiserschmarrn

4 Portionen à ca. 2180 kJ (520 kcal)

200 g frische Kumquats (Zwergorangen, siehe auch Seite 136–141), 100 g Zucker, 1 Prise Ingwerpulver, 2 Eßl. Wasser, 160 g Mehl, 1/4 l Milch, 4 Eigelb, 1 Prise Salz, 4 Eiweiß, 1 Teel. Zitronensaft, 60 g Butter, Puderzucker zum Bestäuben.

Kumquats unter fließendem, lauwarmem Wasser gründlich abbürsten, dann abtropfen lassen. Etwa 4 Früchte zum Garnieren zurücklegen. Die übrigen längs vierteln und entkernen, dann in kleine Würfel schneiden. Mit Zucker, Ingwerpulver und Wasser in einem Topf mischen, langsam unter Rühren erhitzen und so lange kochen, bis die Flüssigkeit eine sirupartige Konsistenz hat. Dann etwas abkühlen lassen.
Das Mehl in eine Schüssel sieben, die Milch unter ständigem Rühren mit dem Schneebesen in einem dünnen Strahl einlaufen lassen. Eigelb und Salz zufügen und alles zu einem glatten Teig verrühren.
Eiweiß mit Zitronensaft zu schnittfestem Schnee schlagen. Auf den Teig gleiten lassen, darauf das Kumquatkompott geben und alles locker, aber gründlich mischen.
In zwei große Pfannen mit hitzebeständigen Griffen je 30 g Butter erhitzen. Jeweils die Hälfte der Teigmasse hineingeben und ganz kurz auf dem Herd anbacken. Dann in den auf 200° (Gas Stufe 3) vorgeheizten Backofen stellen und in etwa 10 Minuten fertigbacken. Die Oberfläche sollte eine goldbraune Farbe haben.
Die Pfannen aus dem Backofen nehmen und die beiden Eierpfannkuchen mit zwei Gabeln in große Stücke zerreißen.
Die übrigen Kumquats in hauchdünne Scheiben schneiden, jedoch nicht entkernen.
Kaiserschmarrn auf vier vorgewärmte Teller verteilen, großzügig mit Puderzucker überstäuben und mit Kumquatscheiben garnieren. Rasch servieren.
Vorweg nur eine leichte Gemüsesuppe oder eine klare Bouillon mit Einlage reichen.
Tip: Achten Sie darauf, daß Sie Pfannen verwenden, die einen hitzebeständigen Griff haben.
Am besten läßt sich eine solche Menge im Heißluftherd backen, weil einmal auf zwei Ebenen gebacken werden kann, zum anderen die Ofentür nicht geschlossen werden muß, wenn der Pfannenstiel nicht in den Ofen paßt. Bei einem normalen Herd kann man auch eine kleine Paellapfanne verwenden, in der die ganze Teigmenge auf einmal gebacken werden kann.
Man kann den Kaiserschmarrn aber auch nur auf der Herdplatte backen, dann aber bei ganz mäßiger Hitze, damit der Teig auch wirklich „durch" ist. Etwa 5 Minuten backen, bis die Unterseite goldbraun ist, dann wenden und noch mal 5 Minuten backen.

Crêpes mit Passionsfruchtcreme

4 Portionen à ca. 2435 kJ (820 kcal)

200 g Mehl, 1/2 l Cidre (französischer Apfelwein), 2 Eßl. Zucker, 1 Prise Salz, 4 Eier, 2 Eigelb, 50 g Butter, 8 reife Passionsfrüchte (siehe auch Seite 136–141), 250 g Sahnequark, 1/8 l süße Sahne, 1 Päckchen Vanillezucker, Butter oder Margarine zum Ausbacken.

Das Mehl in eine Schüssel sieben. Den Cidre in einem dünnen Strahl einlaufen lassen und mit dem Schneebesen unterrühren. Zucker, Salz, Eier und Eigelb zufügen und alles zu einem glatten Teig verrühren.
Die Butter in einem kleinen Stieltopf erwärmen, abschäumen und etwas abkühlen lassen. Langsam in den Teig einrühren. Den Teig zugedeckt 1 Stunde bei Zimmertemperatur ruhen lassen.
Passionsfrüchte halbieren und das Fruchtmark herausschaben. Wen die Kerne stören, passiert es durch ein Haarsieb.
Den Quark mit der Sahne, dem Vanillezucker und dem Fruchtmark ganz schaumig rühren.
Den Crêpes-Teig noch mal kräftig durchrühren. In einer Pfanne von etwa 15 cm Durchmesser mit jeweils nur wenig Butter oder Margarine dünne Crêpes backen. Sie brauchen jedoch nicht hauchdünn zu sein, da sie durch den Cidre sehr luftig werden. Die Crêpes warm halten, bis alle fertig sind.
Crêpes zu Vierteln zusammenfalten und dachziegelartig auf einer Servierplatte anrichten, eventuell noch mit Orangenfilets garnieren. Die Passionsfruchtcreme getrennt reichen, jeder nimmt sich dann nach Belieben.
Hinweis: Diese Crêpes schmecken auch sehr gut als Dessert, dann ist allerdings die halbe Menge ausreichend.

Eierpfannkuchen mit Quark-Beeren-Füllung

4 Portionen à ca. 3575 kJ (855 kcal)

200 g Mehl, 1 Prise Salz, 1 Msp. gemahlener Zimt, 4 Eier, ¼ l Milch, 1 kleiner Becher Crème fraîche (100 g), 1 Teel. Zitronensaft, 150 g frische oder TK-Himbeeren, 150 g frische oder TK-Blaubeeren (Heidelbeeren), 500 g Speisequark, 1 Becher süße Sahne (200 g), 80 g Zucker, 1 Päckchen Vanillezucker, Butter oder Margarine zum Braten.

Mehl in eine Schüssel sieben, Salz und Zimt zufügen.

Die Eier trennen, Eigelb in die Schüssel geben. Unter ständigem kräftigen Schlagen mit dem Schneebesen die Milch einlaufen lassen, dann nach und nach die Crème fraîche unter den Teig ziehen. Den Teig 20 Minuten quellen lassen.

Erst dann das Eiweiß mit dem Zitronensaft zu steifem Schnee schlagen und locker, aber gründlich unter den Eierkuchenteig ziehen.

Während der Teig ruht, die Füllung zubereiten. Frische Beeren verlesen, ganz vorsichtig waschen (Himbeeren nur wenn unbedingt nötig) und gründlich abtropfen lassen. Tiefgekühlte Früchte auftauen lassen.

Eierpfannkuchen mit Quark-Beeren-Füllung

Die Sahne halbsteifschlagen, dann nach und nach Quark, Zucker und Vanillezucker zufügen. Die Masse soll schaumig werden, deshalb am besten mit den Rührstäben des Handrührgeräts arbeiten. Zum Schluß die Beeren zufügen.

Aus dem Teig in einer Pfanne von etwa 20 cm Durchmesser nacheinander 12 dünne Eierpfannkuchen backen. Im Backofen warm halten, bis alle fertig sind. Jeden Eierpfannkuchen mit etwas Füllung bestreichen und zur Hälfte zusammenklappen. Auf einer großen Platte servieren. Oder man serviert Eierpfannkuchen und Füllung getrennt und jeder nimmt sich bei Tisch nach Belieben.

Hinweis: Selbstverständlich können Sie den Eierkuchenteig auch mit der Küchenmaschine oder dem Handrührgerät bereiten. Dann bis auf das Eiweiß alle Zutaten zusammen in die Schüssel geben und zu einem glatten Teig verrühren. Zum Schluß den Eischnee zufügen.

Preiselbeerpfannkuchen

4 Portionen à ca. 2380 kJ (570 kcal)

300 g frische Preiselbeeren, 100 g Zucker, 1 kräftige Prise Zimt, 1 Msp. gemahlener Koriander, 6 Eier, ⅛ l Milch, ⅛ l Mineralwasser, 4 Eßl. süße Sahne, 150 g Mehl, 40 g Puderzucker, 1 Eßl. Vanillezucker, 1 Prise Salz, 40 g Butter oder Margarine.

Die Preiselbeeren waschen, dabei verlesen, dann abtropfen lassen. Mit Zucker, Zimt und Koriander in einem Topf mischen. Zugedeckt langsam zum Kochen bringen und 5 Minuten kochen lassen. Das Preiselbeerkompott abkühlen lassen.

Eier mit Milch, Mineralwasser und Sahne verquirlen. Nach und nach Mehl, Puderzucker, Vanillezucker und Salz zufügen, dabei ständig mit dem Schneebesen schlagen oder mit den Rührstäben des Handrührgeräts arbeiten. Den Teig 30 Minuten ruhen lassen.

In einer Pfanne von 16 cm Durchmesser jeweils 5 g Butter oder Margarine erhitzen und nacheinander 8 Pfannkuchen backen. Dazu jeweils ⅛ der Teigmenge in das heiße Fett geben, etwa 4 Minuten backen lassen, bis auch der Teig an der Oberfläche gestockt ist, den Pfannkuchen dann wenden und auf der anderen Seite noch etwa 2 Minuten braten. Die fertigen Pfannku-

Preiselbeer-pfannkuchen

chen in dem auf 160° (Gas Stufe 1) vorgeheizten Backofen warm halten, bis alle Pfannkuchen fertig sind.
Das Preiselbeerkompott getrennt zu den Pfannkuchen reichen. Jeder bestreicht sich seine Pfannkuchen bei Tisch dann beliebig mit etwas Kompott.
Vor diesem Gericht sollte man eine große Schüssel gemischten Salat als Vorspeise reichen.
Hinweis: Preiselbeeren, häufig auch Kronsbeeren genannt, gehören wie die Heidelbeeren in die Familie der Heidekrautgewächse, sind allerdings im Gegensatz zu diesen roh kaum genießbar. Ihr köstliches Aroma entfalten Preiselbeeren erst beim Kochen und durch Zuckerzugabe. Leider sind Preiselbeeren bei uns rar und damit teuer geworden, darum werden frische Beeren häufig aus Skandinavien importiert. Von dort kommen auch besonders gute konservierte Preiselbeeren.
Mit den Preiselbeeren eng verwandt ist die etwas hellere Moosbeere, die ebenfalls sehr sauer ist und erst nach dem Kochen zum Genuß wird. Eine gezüchtete Moosbeere ist die Cranberry (siehe Seite 139).

Ausgebackene Birnenknödel

4 Portionen à ca. 5065 kJ (1210 kcal)

300 g frische oder TK-Heidelbeeren (Blaubeeren), 60 g Zucker, 1/8 l trockener Weißwein, 1 Prise gemahlener Zimt, 20 g Speisestärke, 1000 g feste Birnen, 250 g Löffelbiskuits, 250 g gemahlene Haselnüsse, 50 g kernlose Sultaninen, abgeriebene Schale und Saft einer unbehandelten Zitrone, 4 cl Rum, 3 Eier, gemahlene Nelken, gemahlener Koriander, 1 l Öl oder 750 g Kokosfett zum Ausbacken, Mehl zum Formen.

Die Heidelbeeren verlesen, waschen und abtropfen lassen (TK-Beeren nur auftauen lassen). Mit 50 g Zucker, Wein und Zimt zum Kochen bringen.
Die Speisestärke mit etwas Wasser glattrühren, mit den Beeren mischen und alles einmal aufkochen lassen. Die Heidelbeersoße warm halten.
Birnen schälen, vierteln, entkernen und von den Blüten- und Stengelansätzen befreien. Dann sehr fein hacken.
Die Löffelbiskuits zerbröseln.
Birnen mit Biskuitbröseln, Haselnüssen, Sultaninen, Zitronenschale und -saft, Rum und Eiern vermischen. Mit dem restlichen Zucker, den Nelken und dem Koriander abschmecken.
Das Öl oder Kokosfett in einer Friteuse auf 175° erhitzen. Aus dem Teig mit dünn bemehlten Händen kleine Knödel von etwa 5 cm Durchmesser formen. Immer nur 4 bis 5 auf einmal in dem heißen Fett rundherum goldbraun ausbakken. Abtropfen lassen und auf einer Platte nebeneinander liegend warm halten, bis alle fertig sind.
Dazu die warme Heidelbeersoße servieren.

Rhabarberauflauf

Rhabarberauflauf

4 Portionen à ca. 3060 kJ (730 kcal)

750 g Rhabarber, 150 g Zucker,
½ Teel. Zimt, ¾ l Milch, Salz, 200 g Grieß,
3 Eier, 70 g Butter oder Margarine,
ausgeschabtes Mark einer halben
Vanilleschote, 1 Teel. Zitronensaft,
30 g gehackte Mandeln.

Rhabarber waschen, abtropfen lassen und abziehen. Die Stangen in 2 bis 3 cm lange Stücke schneiden. 50 g Zucker mit Zimt vermischen, über den Rhabarber streuen und alles gründlich vermischen. Den Rhabarber ziehen lassen.
Die Milch mit einer Prise Salz zum Kochen bringen. Den Grieß einlaufen lassen und unter ständigem Rühren bei milder Hitze zu einem Brei ausquellen lassen. Beiseite stellen.
Die Eier trennen. 60 g Butter mit dem restlichen Zucker schaumig rühren. Nach und nach Eigelb und Vanillemark zufügen.
Eiweiß mit einer Prise Salz und dem Zitronensaft schnittfest schlagen. Rhabarber, Grießbrei und Eigelbmasse vermengen, dann den Eischnee locker, aber gründlich unterheben.

Eine Auflaufform mit dem restlichen Fett einstreichen, mit Mandeln ausstreuen und die vorbereitete Masse einfüllen. Die Form in den auf 200° (Gas Stufe 3) vorgeheizten Backofen schieben und den Auflauf 45 Minuten backen.
Dazu schmeckt heiße Vanillesoße oder auch Schokoladensoße.
Ebenso können Sie **Kirschauflauf** oder **Zwetschenauflauf** zubereiten.

Apfel-Kartoffel-Auflauf

4 Portionen à ca. 3860 kJ (920 kcal)

500 g Kartoffeln, 1 Teel. Kümmel,
400 g schnittfeste Tomaten, 250 g Zwiebeln,
100 g durchwachsener Speck,
500 g säuerliche Äpfel (am besten Boskop),
Butter oder Margarine zum Einfetten,
200 g in dünne Scheiben geschnittene Salami,
1 kleiner Becher süße Sahne (100 g),
5 Eier, Salz, weißer Pfeffer aus der Mühle,
1 Prise geriebene Muskatnuß,
einige Tropfen Tabascosauce, 75 g geriebener
Emmentaler Käse.

Die gewaschenen Kartoffeln in mit Kümmel gewürztem Wasser als Pellkartoffeln kochen, abgießen, abschrecken, pellen und rasch in Scheiben schneiden.
Tomaten mit kochendem Wasser überbrühen, häuten und in Scheiben schneiden. Dabei die grünen Stengelansätze entfernen.
Die Zwiebeln schälen und in dünne Ringe schneiden.
Den Speck würfeln, in einer Pfanne auslassen und die Zwiebeln darin glasig werden lassen.
Äpfel schälen, mit einem Ausstecher entkernen und ebenfalls in Scheiben schneiden.
Eine feuerfeste Form mit Butter oder Margarine einfetten. Sich dachziegelartig überlappend Kartoffeln, Tomatenscheiben, Zwiebelmasse, Salamischeiben und Apfelringe in die Form schichten.
Die Sahne mit den Eiern verquirlen, mit Salz, Pfeffer und Tabasco abschmecken und über die anderen Zutaten gießen. Die Form in den auf 200° (Gas Stufe 3) vorgeheizten Backofen stellen und den Auflauf 25 Minuten backen. 5 Minuten vor Ende der Garzeit den Käse darüberstreuen.
Den Auflauf in der Form servieren.
Dazu paßt am besten grüner Salat in einer leichten Kräutermarinade.

Himmel und Erde

4 Portionen à ca. 2555 kJ (610 kcal)

800 g mehlig kochende Kartoffeln, 1 Teel. Kümmel, Salz, 800 g säuerliche Äpfel (z. B. Boskop), 1 Eßl. Zitronensaft, 1 Eßl. Zucker, 300 g Zwiebeln, 150 g durchwachsener Speck, knapp 1/4 l Milch, schwarzer Pfeffer aus der Mühle, 1 Prise geriebene Muskatnuß.

Kartoffeln waschen und schälen, in einen Topf geben. Den Kümmel in ein Mullsäckchen oder in eine Filtertüte geben. Mullsäckchen zubinden, Filtertüte zuknipsen. Den Kümmel zu den Kartoffeln geben. Die Kartoffeln mit wenig Wasser als Salzkartoffeln kochen.

Nebenher die Äpfel schälen, vierteln, entkernen, von Blüten- und Stengelansätzen befreien und mit Zitronensaft und Zucker bei nicht zu starker Hitze in einem geschlossenen Topf weich werden lassen.

Zwiebeln schälen und in Ringe schneiden. Den Speck feinwürfeln, in einer großen Pfanne langsam auslassen, dann die Zwiebelringe dazugeben und goldbraun braten.

Die Kartoffeln abgießen, den Kümmel entfernen. Kartoffeln ausdämpfen lassen und durch die Presse drücken.

Die Milch fast zum Kochen bringen und mit dem Schneebesen oder den Rührstäben des Handrührgeräts unter das Kartoffelpüree rühren. Dann auch die Äpfel zugeben und alles zu einer glatten Masse verarbeiten. Mit Salz, Pfeffer und einer Spur Muskatnuß abschmecken. In eine vorgewärmte Schüssel geben, mit dem Speck-Zwiebel-Gemisch übergießen und rasch servieren.

Dazu gibt es eine große Schüssel grünen Salat in Kräutermarinade. Wer das Gericht noch etwas gehaltvoller möchte, kann dazu Bratwurst oder unpaniert gebratene Schweinekoteletts reichen.

Hinweis: Es ist nur schwer zu klären, woher das Gericht „Himmel und Erde" stammt. Eingefleischte Berliner behaupten, es sei ein Gericht der unteren Beamtenschicht des Preußenstaates gewesen, wobei aber die Schlesier eher recht haben, wenn sie sagen, daß auch dieses wie so viele andere „typische" Berliner Gerichte ein „Import" aus Breslau sei.

Es gibt auch noch eine Variante aus dem Rheinland – wo man ebenfalls das Recht auf das Original für sich beansprucht –, das ist dann **Himmel und Erde mit Blutwurst**. Das Gericht wird ebenso wie das obige zubereitet, jedoch kommt noch eine große Portion in Scheiben geschnittene, in der Pfanne gebratene Blutwurst dazu.

Bohnen mit Birnen

4 Portionen à ca. 2550 kJ (610 kcal)

500 g weiße Bohnen, 2 1/2 l Wasser, 1 Teel. getrocknetes Bohnenkraut, 1 Bund Suppengrün, 4 Zwiebeln, 20 g Schweineschmalz, 4 Lorbeerblätter, 500 g Kochbirnen (feste Winterbirnen), schwarzer Pfeffer aus der Mühle, Instant-Fleischbrühe, Salz, 1 Bund Petersilie.

Die Bohnen über Nacht in dem Wasser einweichen. Am nächsten Tag mit ihrem Einweichwasser zum Kochen bringen, mit Bohnenkraut würzen und in etwa 60 Minuten garen.

Das Suppengrün putzen, waschen, sehr fein hacken und nach 20 Minuten zufügen.

Zwiebeln schälen, feinwürfeln und in dem Schweineschmalz goldgelb dünsten. Zusammen mit den Lorbeerblättern nach 30 Minuten zu den Bohnen geben.

Birnen schälen und von ihren Blütenansätzen befreien. Im Ganzen zu den Bohnen geben und in etwa 25 Minuten garen, dann herausnehmen und warm stellen. Die Kochflüssigkeit kräftig mit Pfeffer, Fleischbrühe und Salz abschmecken.

Petersilie abspülen, trockentupfen und feinhacken.

Die Bohnen in eine vorgewärmte Schüssel geben, die Birnen darauflegen und alles mit Petersilie bestreuen.

Dazu Kartoffeln und in Scheiben geschnittenen, mild geräucherten Bauchspeck oder gekochtes Kasseler reichen. Als Getränk paßt Bier am besten.

Hinweis: Gepökeltes Fleisch, gepökelter Speck oder gepökelte Würste dürfen nie mit Hülsenfrüchten zusammen gegart werden, weil das in dem Fleisch enthaltene Salz das Weichwerden der Früchte verhindert.

Pikanter Birnenkuchen

4 Portionen à ca. 5125 kJ (1225 kcal)

500 g Mehl, 1 Würfel Hefe (42 g), 80 g Zucker, ¼ l Milch, 1 Prise Salz, 3 Eßl. Öl, 1500 g reife Birnen (Williams Christ, Conférence, Clapps Liebling), Butter oder Margarine zum Einfetten, 200 g Frühstücksspeck in Scheiben, Mehl zum Ausrollen.

Mehl auf ein Backbrett sieben und in die Mitte eine Vertiefung drücken.
Die Hefe in eine Tasse bröckeln, mit 1 Teelöffel Zucker vermengen und mit 2 Eßlöffeln lauwarmer Milch glattrühren. Hefe in die Mehlvertiefung geben, mit etwas Mehl vom Rand bestreuen und bei Zimmertemperatur zugedeckt so lange treiben lassen, bis dieser Vorteig etwa auf die doppelte Menge aufgegangen ist.
Den übrigen Zucker, den Rest lauwarme Milch und das Salz auf das Mehl streuen. Alles zu einem lockeren elastischen Teig verkneten, am besten mit den Knethaken des Handrührgeräts. Mit einem Tuch bedeckt an einem warmen Ort ca. 45 Minuten gehen lassen.
Die Birnen vierteln, schälen, von Kerngehäusen, Stengelansätzen und Blüten befreien und die Viertel in Schnitze teilen.
Eine Springform von 26 cm Durchmesser mit Butter oder Margarine einfetten. Die Hälfte der Speckscheiben auf dem Boden der Form verteilen.
Den Teig dritteln und auf der bemehlten Arbeitsfläche 3 runde Platten ausrollen. Eine Teigplatte auf den Speck in der Form legen. Die Hälfte der Birnenschnitze auf den Teig schichten und mit der zweiten Teigplatte bedecken. Darauf wieder Birnenschnitze geben und diese mit der dritten Platte bedecken. Die oberste Platte mit Wasser bestreichen und die restlichen Speckscheiben darauf verteilen. Die Form in den auf 220° (Gas Stufe 4) vorgeheizten Backofen stellen und den Kuchen ca. 30 Minuten backen. Sofort aus der Form lösen und heiß servieren.
Als Beilage ist jeder grüne Salat in einer pikanten Marinade geeignet. Als Getränk paßt ein Glas trockener Weißwein oder frischer Most.

Birnen-Kartoffel-Topf

4 Portionen à ca. 3145 kJ (750 kcal)

350 g durchwachsener Speck, 750 g feste Birnen, Salz, weißer Pfeffer aus der Mühle, 1 Prise Ingwerpulver, 750 g mehlig festkochende Kartoffeln, 1 Prise geriebene Muskatnuß, ⅛ l Apfelwein oder Cidre, 1 kleine Dose weiße Bohnen (400 g), 1 Bund glatte Petersilie.

Den Speck in dünne Scheiben schneiden und eine feuerfeste Form mit einer Lage auskleiden.
Birnen vierteln, von Kerngehäusen, Blüten- und Stengelansätzen befreien und die Viertel noch mal längs durchschneiden. Auf dem Speck anrichten und mit Salz, Pfeffer und Ingwer bestreuen. Wenig Salz verwenden, weil der Speck auch würzt. Auf die Birnen wieder eine Schicht Speckscheiben geben.
Die Kartoffeln waschen, schälen und mit einem Gurkenhobel in dünne Scheiben schneiden. Dachziegelartig auf dem Speck anrichten und mit Muskatnuß würzen. Darauf die letzten Speckscheiben geben. Alles mit dem Apfelwein oder Cidre übergießen.
Die Form schließen und in den auf 180° (Gas Stufe 2) vorgeheizten Backofen stellen. Das Gericht 90 Minuten garen. 25 Minuten vor Ende der Garzeit die Bohnen zufügen, mit Salz und Pfeffer würzen.
Petersilie abspülen, trockentupfen und nicht zu fein hacken. Das Gericht mit Petersilie bestreut in der Form servieren.
Dazu schmecken ein kräftiges Bauernbrot und kühles Bier.

Sächsische Speckpflaumen

4 Portionen à ca. 3510 kJ (840 kcal)

1000 g blaue Pflaumen oder Spätzwetschen, 400 g mild geräucherter Bauchspeck, 2 Zwiebeln, 2 Eßl. Zitronensaft, 1 Prise gemahlene Nelken, 1 Eßl. Zucker, 1/8 l trockener Weißwein.

Pflaumen oder Zwetschen waschen, abtropfen lassen, halbieren und entsteinen.
Den Speck in hauchdünne Scheiben schneiden und in einer beschichteten Pfanne so lange auf beiden Seiten braten, bis die Scheiben eben zu bräunen beginnen. Die Speckscheiben aus der Pfanne nehmen.
Während der Speck brät, die Zwiebeln schälen und nicht zu fein hacken. Dann in dem Speckfett glasig braten.
Die Hälfte dieser Mischung auf dem Boden einer feuerfesten Form verteilen. Darauf abwechselnd Pflaumen und Speckscheiben schichten, mit Pflaumen abschließen.
Den Zitronensaft mit Nelkenpulver, Zucker und Weißwein mischen und darübergießen. Die restliche Speck-Zwiebel-Mischung darüber verteilen. Die Form in den auf 200° (Gas Stufe 3) vorgeheizten Backofen stellen und das Gericht in 45 Minuten garen. In der Form servieren.
Dazu schmecken Pellkartoffeln oder Kartoffelklöße. Als Getränk ist ein kühles Bier besonders gut geeignet.

Sächsische Speckpflaumen

Linsen mit Backpflaumen und Äpfeln

4 Portionen à ca. 2365 kJ (565 kcal)

250 g Linsen, 200 g Backpflaumen ohne Kerne, 1 Bund Suppengrün, 400 g mehlig festkochende Kartoffeln, 2 große säuerliche Äpfel (Boskop), 2 Zwiebeln, 20 g Schweineschmalz, weißer Pfeffer aus der Mühle, 1 Teel. Zucker, gerebelter Majoran, Salz, Essig, 1/2 Bund Petersilie.

Linsen und Backpflaumen über Nacht getrennt voneinander mit Wasser bedeckt einweichen.
Am nächsten Tag die Backpflaumen abgießen. Das Wasser auffangen. Die Linsen mit ihrem Einweichwasser und dem Backpflaumenwasser in etwa 25 Minuten halbgarkochen.
Das Suppengrün putzen, waschen, abtropfen lassen und feinhacken.
Die gewaschenen Kartoffeln und Äpfel schälen. Die Äpfel vierteln, von Kerngehäusen, Blüten- und Stengelansätzen befreien und ebenso wie die Kartoffeln würfeln.
Zwiebeln schälen, feinwürfeln und in dem Schweineschmalz glasig braten. Kartoffeln und Äpfel zufügen, ganz kurz mitbraten lassen. Dann die Backpflaumen, die Linsen und das Suppengrün zufügen. Nach Belieben noch Wasser angießen. Mit Pfeffer, Zucker und Majoran würzen und alles noch 20 Minuten kochen lassen. Erst 5 Minuten vor Ende der Garzeit, wenn die Linsen schon weich sind, das Gericht mit Salz und Essig abschmecken.
Petersilie abspülen, trockentupfen, feinhacken und über das fertige Gericht streuen.
Ganz stilecht gehört dazu ein großes Stück gekochter oder gebratener Schweinebauch oder Schweinerippchen. Als Getränk paßt ein herbes Bier besonders gut.

Heiß geliebt und kühl serviert: **Süße Fr**

Kiwi-Sorbet

Johannisbeer-Sorbet

Mandarinen-Sorbet

Rezepte nächste Seite

chte für herrliche Desserts

Früchte-Sorbet

(Grundrezept)
(Foto Seite 88/89)
4 Portionen à ca. 420 kJ (100 kcal)

400 g beliebige Früchte (geputzt gewogen), 50 g Puderzucker, 1 Eiweiß, ½ Teel. Zitronensaft, eventuell etwas flüssiger Süßstoff.

Die Früchte der Sorte entsprechend vorbereiten. Dann zusammen mit dem Puderzucker im Mixer pürieren oder mit dem Schneidstab des Handrührgeräts arbeiten. (Beerenfrüchte mit Kernen, wie Himbeeren, Brombeeren oder Johannisbeeren, kann man zusätzlich durch ein Haarsieb streichen.)
Eiweiß mit Zitronensaft zu steifem Schnee schlagen, er muß aber nicht „schnittfest" sein. Dann unter das Fruchtpüree ziehen und die Mischung abschmecken. Ist sie nicht süß genug, einige Tropfen flüssigen Süßstoff zufügen.
Die Sorbetmasse in eine kleine Metallschüssel oder die Eisschale des Gefrierfachs füllen und im Gefrierfach oder im Tiefkühlschrank in etwa 3 Stunden fest werden lassen. Dabei etwa alle 20 Minuten zuerst mit dem Schneebesen, dann mit einer Gabel umrühren, damit die Masse feincremig wird. Oder man läßt sie ohne Umrühren ganz hart werden und gibt sie unmittelbar vor dem Auftragen in den Mixer und schlägt sie einmal kräftig durch.
Das Sorbet der Festigkeit entsprechend entweder mit dem Kugelportionierer oder mit einem Löffel in Portionsschälchen füllen und nach Belieben mit den jeweiligen Früchten garnieren.
Nach diesem Grundrezept werden alle auf Seite 88/89 gezeigten Sorbets zubereitet: **Rote-Bete-Sorbet, Zitronen-Sorbet** (dieses wird allerdings aus dem Saft von 4 Zitronen und ⅛ l Wein oder Wasser bereitet, die Zuckermenge wird auf 75 g erhöht), **Erdbeer-Sorbet, Mandarinen-Sorbet, Kiwi-Sorbet** und **Johannisbeer-Sorbet.**
Hinweis: Sorbets gehören zu den ältesten Desserterfrischungen, die wir kennen. Sie stammen vermutlich aus der persischen Küche und kamen über die Araber nach Europa. Auf der Tafel Ludwigs XIV. wurden sie erstmals als erfrischender Zwischengang vor dem Braten gereicht. Das macht man auch heute häufig wieder bei großen Menüs, zum Beispiel mit Minz- oder Zitronensorbet.

Beerensalat „Sabayon"

Beerensalat „Sabayon"

4 Portionen à ca. 1205 kJ (290 kcal)

200 g Himbeeren, 200 g Brombeeren, 200 g kleine Erdbeeren, 150 g rote Johannisbeeren, 60 g schwarze Johannisbeeren, 125 g Zucker, ausgeschabtes Mark einer halben Vanilleschote, 4 cl Portwein, 2 Eier, 1 Teel. Speisestärke, 6 cl Marsalawein.

Himbeeren, Brombeeren, Erdbeeren sowie rote und schwarze Johannisbeeren behutsam waschen, trockentupfen und von den Stengelansätzen und Stielen befreien. Große Erdbeeren in Hälften schneiden.
Die Früchte vorsichtig mit 100 g Zucker und Vanillemark mischen, mit Portwein beträufeln, zudecken und 30 Minuten marinieren.
Aufgeschlagene Eier in eine hochwandige Porzellanschüssel geben, mit dem Rest Zucker und der Speisestärke verrühren. Schüssel in ein lauwarmes Wasserbad stellen und die Masse dickcremig aufschlagen, dabei langsam den Marsala einlaufen lassen.
Den Beerensalat auf vier Desserttellern anrichten und mit der Sabayon übergießen. Sofort auftragen.
Sehr gut schmecken dazu zarte Löffelbiskuits.
Hinweis: Statt Marsala können Sie auch jeden beliebigen anderen Dessertwein (Cream Sherry, Portwein, Samos, Madeira) verwenden.

Erdbeer-Kiwi-Orangen-Salat

4 Portionen à ca. 955 kJ (230 kcal)

400 g Erdbeeren, 150 g Zucker, 2 cl Kirschwasser, 3 Kiwis (siehe auch Seite 136–141), 2 mittelgroße Orangen, Eiswaffeln zum Garnieren.

Erdbeeren waschen, trockentupfen und die Blütenansätze herausdrehen. Große Früchte halbieren. Erdbeeren mit Zucker bestreuen und mit dem Kirschwasser übergießen. Zugedeckt 30 Minuten marinieren.
Die Kiwis schälen und in feine Scheibchen schneiden.
Orangen dick schälen und die weiße Innenhaut gleich mit entfernen. Die Filets mit einem scharfen, spitzen Messer aus den Häuten lösen.
Erdbeeren, Kiwis und Orangen auf Portionstellern anrichten, die Eiswaffeln zwischen die Früchte stecken.
Dazu noch mit Vanillezucker halbsteif geschlagene süße Sahne reichen.

Erdbeer-Kiwi-Orangen-Salat

Karambole auf Chaudeau

4 Portionen à ca. 960 kJ (230 kcal)

4 reife Karambole von je ca. 50 g (siehe auch Seite 136–141), 3 Eier, 1/4 l Weißwein, 100 g Zucker, 2 Eßl. Zitronen- oder Limettensaft.

Karambole unter fließendem kalten Wasser vorsichtig mit einer weichen Bürste waschen. Dann gut abtrocknen und in hauchdünne Scheiben schneiden. Dabei entstehen sehr dekorative Sternchen (siehe Tableau Seite 137). Eventuell die kleinen Kerne entfernen. Die Sternchen mit Folie bedeckt beiseite stellen.
Für das Chaudeau die Eier mit Weißwein, Zukker und Zitronensaft in einer Metallschüssel gut verrühren. Dann in ein lauwarmes Wasserbad stellen und mit dem Schneebesen dickcremig aufschlagen. Dabei die Temperatur des Wasserbads langsam erhöhen. Das Wasser darf aber auf keinen Fall zum Kochen kommen! Sobald die Masse cremig ist, vom Herd nehmen und in Portionsschälchen füllen. Die Karambolesternchen darauf verteilen und das Dessert sofort servieren.
Hinweis: „Chaudeau" heißt eigentlich nichts anderes als heißes Wasser, bedeutet jedoch in der feinen Küchensprache, daß eine Eier- oder Eigelbmischung im heißen Wasserbad aufgeschlagen wird. Chaudeaus aus Wein oder Dessertwein werden italienisch auch „Zabaglione" oder französisch „Sabayon" genannt.
Sehr dekorativ ist auch **Sekt mit Karambole**. Dazu die Früchte (2 reichen für 8 Gläser) wie oben beschrieben in Sternchen schneiden. Einen halbtrockenen Sekt in Schalen füllen und die Sternchen darin schwimmen lassen. Der Sekt kann mit zartem, nicht zu süßem Gebäck anstelle eines Desserts serviert werden.

Fruchtsalat mit Käsecreme

Fruchtsalat mit Käsecreme

4 Portionen à ca. 2160 kJ (515 kcal)

250 g Süßkirschen, 100 g rote Johannisbeeren, 50 g schwarze Johannisbeeren, 10 reife, aber feste Aprikosen, 2 Kiwis von je ca. 100 g, 100 g Zucker, 200 g Doppelrahmfrischkäse, 3–4 Eßl. Puderzucker, knapp 1/8 l Milch, 1 Eßl. Pinienkerne, 2 Eßl. heller flüssiger Honig oder Ahornsirup.

Kirschen sowie rote und schwarze Johannisbeeren waschen und trockentupfen, Kirschen entstielen und entkernen, Johannisbeeren von den Rispen ziehen.
Die Aprikosen mit heißem Wasser überbrühen und die Haut abziehen. Die Früchte halbieren und die Steine auslösen.
Kiwis schälen und in Scheiben schneiden.
Alle Früchte in eine Schüssel geben, behutsam mit dem Zucker vermengen und Saft ziehen lassen.
Mit einer Gabel den Frischkäse und den Puderzucker verrühren. Dann mit dem Schneebesen weiterarbeiten. Langsam die Milch zufügen, bis eine lockere Creme entstanden ist.
Die marinierten Früchte in eine Schüssel füllen, die Käsecreme in die Mitte geben und mit Pinienkernen bestreuen und mit Honig oder Ahornsirup überglänzen.
Dazu Waffelröllchen reichen.

Cherimoya-Salat

4 Portionen à ca. 1215 kJ (290 kcal)

2 kleine Orangen, 1 große Cherimoya von ca. 400 g (siehe auch Seite 136–141), 2 Kaktusfeigen, 1 Eßl. Zitronen- oder Limettensaft, 2 Eier, 50 g Puderzucker, 1 Päckchen Vanillezucker, 1 kräftige Prise Zimt, 1/8 l halbtrockener Sherry (Amontillado oder Oloroso), 1 Hauch geriebene Muskatnuß.

Orangen wie einen Apfel schälen, damit auch die pelzige Innenhaut abgeht. Die Früchte dann quer in dünne Scheiben schneiden, entkernen und auf einer tiefen Servierplatte anrichten.

Die Cherimoya wie eine Melone in Achtel schneiden. Das Fruchtfleisch mit einem Messer von der Schale ablösen, die dicken schwarzen Kerne aus dem Fleisch entfernen und das Fruchtfleisch in Würfel schneiden.
Die Kaktusfeigen schälen (dazu am besten Gummihandschuhe anziehen, weil hin und wieder noch winzige Stachel in der Schale stekken), längs vierteln und in Scheiben schneiden. Mit dem Cherimoya-Fruchtfleisch vermischen und rasch mit Zitronen- oder Limettensaft beträufeln. In den Kühlschrank stellen.
Die Eier mit Puderzucker, Vanillezucker und Zimt verquirlen, bis sich der Vanillezucker ganz aufgelöst hat. Die Mischung in einen Stieltopf geben und bei ganz milder Hitze unter ständigem Schlagen mit dem Schneebesen dickcremig aufschlagen. Dabei nach und nach den Sherry einlaufen lassen. Die Masse darf aber auf keinen Fall aufkochen, weil sonst die Eier gerinnen würden. Die Soße vom Herd nehmen und weiterschlagen, bis sie fast abgekühlt ist. Dann rasch über den Salat gießen und mit Muskatnuß überstäuben.
Dazu paßt ein Glas halbtrockener Sherry (Amontillado) oder Sekt.

Obstsalat „Ost-West“

4 Portionen à ca. 1420 kJ (340 kcal)

1 große Orange, 1 unbehandelte Limette (ersatzweise 1 Zitrone), 1 süß-säuerlicher Apfel (z. B. Jonathan, Cox Orange), 1 kleine Ogenmelone, 1 Banane, 1 Mango (siehe auch Seite 136–141), 2 Kiwis, 1 Becher Crème fraîche (200 g), 1–2 Eßl. flüssiger Honig, 1 Prise Ingwerpulver.

Orange schälen und die pelzige Innenhaut abziehen. Die Filets über einer Schüssel mit einem scharfen Messer aus den Trennhäutchen lösen. Die Filets in die Schüssel geben.
Limette unter fließendem lauwarmen Wasser abbürsten, abtrocknen und die Schale in dünnen Streifen abschälen und in feine Streifchen (Juliennes) schneiden, oder mit einem Julienne-Kratzer abziehen. Mit Folie bedeckt beiseite stellen. Die Limette dann ebenfalls von der weißen Haut befreien und die Filets mit einem Messer aus den Trennhäutchen schneiden. Dabei wieder über der Schüssel arbeiten, damit der Saft in die Schüssel läuft.
Den Apfel gut waschen, abtrocknen, vierteln, von Stengel- und Blütenansatz befreien und die Viertel in etwa 3 mm dicke Scheiben schneiden. Rasch unter die anderen vorbereiteten Salatzutaten mischen.
Die Ogenmelone halbieren. Das weiche Fruchtfleisch und die Kerne mit einem Löffel herausschaben. Die Melonenhälften dann in je 6 Streifen schneiden. Das Fruchtfleisch von den Schalen lösen und in etwa 1 cm dicke Stücke schneiden.
Die Banane schälen, längs vierteln und in Würfel schneiden.
Mango und Kiwis schälen. Von der Mango das Fruchtfleisch zuerst ober- und unterhalb des Kerns flach abschneiden, dann die Seitenstücke abschneiden. Das Fruchtfleisch kleinwürfeln.
Die Kiwis längs vierteln und ebenfalls würfeln. Alles mit den übrigen Zutaten gründlich vermischen und in eine Servierschale füllen.
Crème fraîche mit dem Honig verrühren und mit Ingwerpulver abschmecken. Über den Salat geben, jedoch nicht untermischen. Mit den Limettenschalenstreifen garnieren und servieren.
Dazu keinen Alkohol reichen, weil Alkohol und Mango sich nicht vertragen.
Wollen Sie zu diesem Dessert aber ein Glas Sekt oder Südwein reichen, ersetzen Sie die Mangofrucht besser durch eine halbe Ananas.
<u>Variation:</u> Sie können statt der Mango auch 6 Eßlöffel Lychees aus der Dose an den Salat geben. Eine besondere Note bekommt er, wenn man noch 4 bis 6 geviertelte oder in Scheiben geschnittene Kumquats zufügt.

Gefüllte Melone

Gefüllte Melone

4 Portionen à ca. 1280 kJ (305 kcal)

1 kleine Wassermelone, 3 Orangen, 6 getrocknete Feigen, 2 aromatische Äpfel, 2 Eßl. dunkle Rosinen, 2 Eßl. Pinienkerne, 4 cl Portwein, Saft von einer Zitrone, 2–3 Eßl. Puderzucker.

Von der Melone einen Deckel abschneiden. Mit einem großen Löffel das Fruchtfleisch in möglichst großen Stücken aus der Schale lösen. Die ausgehöhlte Frucht in den Kühlschrank stellen.
Das Fruchtfleisch mit einem Ausstecher zu Kugeln formen, dabei die Kerne entfernen.
Die Orangen großzügig schälen, dabei die weiße Innenhaut gleich mit entfernen. Die Filets mit einem spitzen, scharfen Messer aus den dünnen Häuten lösen.
Die Feigen in feine Streifen schneiden.
Die Äpfel schälen, vierteln, die Kerngehäuse ausschneiden, Blüten- und Stengelansätze entfernen. Die Apfelviertel würfeln.
Melonenkugeln, Orangenfilets und Apfelwürfel in eine Schüssel geben und mit den zuvor gewaschenen, abgetropften Rosinen und den Pinienkernen vermengen.
Den Portwein mit dem Zitronensaft vermischen und den Puderzucker darin auflösen. Die Marinade über die Früchte gießen. Die Schüssel gut zudecken und kühl stellen.
Den Rand der Melonenkugel bogig schneiden. Die Melone mit den Früchten füllen und sofort servieren.
Dazu passen ein Glas Sekt und zartes Mandelgebäck.

Quitten in Ingwersoße

4 Portionen à ca. 1440 kJ (345 kcal)

500 g Birnenquitten, 2 Eßl. Zitronensaft, 1/8 l halbtrockener Weißwein, 125 g Zucker, 2 Eßl. Bienenhonig, 4 Gewürznelken, 6 Ingwerpflaumen aus dem Glas, 1 kleiner Becher Crème fraîche (100 g).

Quitten mit einem Tuch abreiben, damit der weiße Flaum abgeht. Die Früchte dann gründlich waschen, abtrocknen und schälen, in Achtel schneiden und die Kerne entfernen. Jede fertige Frucht sofort in eine Schüssel mit dem Zitronensaft legen und mit dem Saft vermischen.
Den Wein mit Zucker, Bienenhonig und Gewürznelken in einem Topf zum Kochen bringen.
Nebenher die Ingwerpflaumen in hauchdünne Scheiben schneiden und mit etwas Sirup zu dem Wein geben. Die Quittenstücke einlegen und zugedeckt bei nicht zu starker Hitze in 20 bis 25 Minuten fast weich kochen. Dann die Nelken entfernen und das Kompott im offenen Topf noch so lange weiterkochen, bis die Flüssigkeit eine cremige Konsistenz hat.
Die Quitten in der Ingwersoße abkühlen lassen. Nach Belieben auch in den Kühlschrank stellen.
Unmittelbar vor dem Servieren die Crème fraîche schaumig schlagen.
Das Kompott in eine Servierschale oder in Portionsschälchen füllen und die Crème fraîche als Klecks darauf anrichten, jedoch nicht untermischen.
Tip: Ohne Crème fraîche kann dieses Quittenkompott auch als Beilage zu Wildgerichten gereicht werden. Dann sollten Sie aber zusätzlich zu den Nelken noch ein Stück Sternanis oder etwas Zimt und ein wenig Zitronenschale mitdünsten.

Amaretto-Feigen

4 Portionen à ca. 1155 kJ (275 kcal)

1 Dose Feigen (300 g Fruchteinwaage), 8 cl Amaretto (italienischer Mandellikör), ⅛ l süße Sahne, 200 g frische oder TK-Himbeeren, 2 Eßl. Zucker.

Die Feigen abgießen (den Saft nicht mitverwenden) und in eine kleine Schale geben. Mit dem Amaretto übergießen und zugedeckt mindestens 6, besser jedoch 12 Stunden durchziehen lassen. Hin und wieder wenden, damit die Früchte ganz von dem Likör durchtränkt werden.
Kurz vor dem Servieren die Sahne halbsteifschlagen. Dabei 2 Eßlöffel von der Feigen-Likör-Flüssigkeit hineingeben.
Frische Himbeeren verlesen und wenn nötig waschen, dann gründlich abtropfen lassen. TK-Himbeeren auftauen lassen. Die Beeren mit dem Zucker im Mixer pürieren.
Die Feigen mit ihrer Flüssigkeit auf 4 Desserttellern anrichten. Auf der einen Seite mit der Sahne, auf der anderen mit dem Himbeerpüree umgießen und rasch servieren.
Dazu entweder einen lieblichen Sekt oder Mokka und Waffelgebäck reichen.

Amaretto-Feigen

Variation: Statt der süßen Sahne kann auch Crème fraîche verwendet werden.
Tip: Besonders gut schmeckt dieses Dessert, wenn es mit frischen Feigen zubereitet wird, die allerdings nur wenige Wochen im Jahr (etwa ab September) auf dem Markt sind. Dann werden die gewaschenen Früchte halbiert, mit dem Likör übergossen und weiter behandelt wie die Dosenfrüchte.
Den Saft der Dosenfrüchte kann man mit Amaretto und trockenem Sekt mischen und als Longdrink servieren.

Orangenäpfel

4 Portionen à ca. 1240 kJ (295 kcal)

2 große, saftige Orangen, 4 Eßl. Zucker, 1 Eßl. Vanillezucker, 2 große, säuerliche Äpfel (Granny Smith, Boskop oder Golden Delicious), 2 Eßl. Zitronensaft, 10 g Butter oder Margarine, 1 kleiner Becher Crème fraîche (100 g), 1 Eßl. grob gehackte Mandeln.

Orangen auspressen, den Saft mit Zucker und Vanillezucker in einem kleinen Stieltopf mischen und unter Rühren so lange einkochen, bis eine sirupartige Masse entstanden ist.
Die Äpfel schälen, halbieren und die Kerngehäuse herausschneiden. Die Äpfel an der runden Seite einige Male über Kreuz einritzen und mit Zitronensaft beträufeln.
Die Butter in einer kleinen feuerfesten Form schmelzen lassen oder in winzigen Flöckchen hineingeben. Die Äpfel mit der Schnittseite nach unten hineinsetzen und mit dem Orangensirup übergießen. Die Form mit Alufolie verschließen.
Die Äpfel in dem auf 200° (Gas Stufe 3) vorgeheizten Backofen in etwa 25 Minuten garen.
Nebenher die gut gekühlte Crème fraîche schaumig rühren.
Die Apfelhälften auf Desserttellern anrichten, mit der Crème fraîche übergießen und mit Mandeln bestreuen. Rasch servieren.
Tip: Die Äpfel schmecken ohne Crème fraîche und Mandeln auch sehr gut als Beilage zu zarten Wildbraten wie z. B. Rehfilet oder Frischlingsrücken. Dann richtet man sie mit der Schnittfläche nach oben an und füllt sie mit Preiselbeeren.

Bratäpfel mit Nußfüllung

4 Portionen à ca. 1235 kJ (295 kcal)

80 g Walnußkerne, 25 g Zartbitterschokolade, 2 Eßl. flüssiger Honig, 4 mittelgroße Äpfel (z. B. Granny Smith oder Golden Delicious), 10 g Butter oder Margarine, etwas gemahlener Zimt.

Walnußkerne und Schokolade feinhacken, mit dem Honig vermischen.
Die Äpfel gründlich waschen und mit einem Küchentuch trockenreiben. Mit einem Kernausstecher das Kerngehäuse großzügig herausstechen.
4 große Stücke Alufolie zuschneiden. Butter oder Margarine schmelzen lassen, dann die Folie damit dünn einpinseln. In die Mitte jeweils einen Apfel setzen und mit der Nuß-Schoko-Honigmasse füllen. Die Folie locker nach oben ziehen, dann fest zusammenfalzen. Die Äpfel auf ein Backblech setzen und in dem auf 250° (Gas Stufe 6) vorgeheizten Backofen in 25 Minuten garen.
Die heißen Äpfel aus der Folie nehmen und auf Portionstellern anrichten.
Wer mag, kann dazu eine kalte Vanillesoße oder halbsteifgeschlagene Sahne, mit Vanillezucker abgeschmeckt, servieren.

Gemischtes Pflaumenkompott

4 Portionen à ca. 915 kJ (220 kcal)

Je 250 g sehr reife Zwetschen, Mirabellen und Reineclauden, 75 g Zucker, 1 Päckchen Vanillezucker, 1/4 l Weißwein, je 1 Prise gemahlener Zimt, Nelken und Ingwer, 1/2 Teel. abgeriebene Zitronenschale, 1 Eßl. Speisestärke.

Früchte waschen, abtropfen lassen und entsteinen. Mit Zucker, Vanillezucker, Wein und den Gewürzen in einen Topf geben und langsam zum Kochen bringen.
Die Speisestärke mit etwas Wasser glattrühren, dann unter das Kompott mischen und dieses noch mal aufkochen lassen. In eine Servierschale füllen und zuerst im kalten Wasserbad, dann im Kühlschrank erkalten lassen. Dabei hin und wieder umrühren, damit sich keine Haut bildet.
Zu dem Kompott kann nach Belieben eine kalte Vanillesoße, gut gekühlte, halbsteifgeschlagene Sahne oder Crème fraîche gereicht werden.
Ebenso kann **Gemisches Kirschkompott** aus hellen und dunklen Süß- und aus Sauerkirschen bereitet werden.

Kaki-Kiwi-Salat

4 Portionen à ca. 1615 kJ (385 kcal)

4 Sharon-Kakis (siehe auch Seite 136–141), 4 Kiwis, 1/10 l trockener Weißwein, 8 cl Orangenlikör (Cointreau, Grand Marnier), Saft einer halben Limette (ersatzweise 1 Eßl. Zitronensaft), 2 Eßl. Puderzucker, 1/8 l süße Sahne, 1 Päckchen Vanillezucker, 2 Teel. gehackte Pistazienkerne.

Kakis waschen und abtrocknen. Dann mit einem spitzen Messer vorsichtig die Stielansätze herausschneiden. Die Früchte ganz dünn schälen. Die Kiwis ebenfalls schälen. Kakis in etwa 3 mm, Kiwis in 6 mm dicke Scheiben schneiden.
Wein, Likör und Limetten- oder Zitronensaft mit dem Puderzucker verrühren, bis sich der Puderzucker ganz aufgelöst hat.
Die Fruchtscheiben lagenweise in eine Schüssel geben und jeweils mit einem Teil der Weinmischung übergießen. Die Schüssel mit Folie abdecken und den Salat 30 Minuten im Kühlschrank durchziehen lassen.
Die Sahne steifschlagen, dabei den Vanillezucker einrieseln lassen. Die Sahne in einen Spritzbeutel mit Sterntülle füllen.
Den Salat in vier Portionsschälchen verteilen. Mit je einer Sahnerosette garnieren und mit Pistazien bestreuen.
Dazu schmecken ein Glas Sekt und eventuell Mandelgebäck.

Kaki-Kiwi-Salat

Passionsfrucht-Parfait

4 Portionen à ca. 1395 kJ (335 kcal)

5 Passionsfrüchte (siehe auch Seite 136–141), 125 g Zucker, 1/8 l Wasser, 1 Becher süße Sahne (200 g).

Passionsfrüchte aufschneiden und das Fruchtfleisch mit den Kernen auslöffeln. Beiseite stellen.
Den Zucker mit dem Wasser zum Kochen bringen, bis sich der Zucker ganz gelöst hat. Noch 10 Minuten bei starker Hitze sprudelnd etwas einkochen lassen.
Den Topf vom Herd nehmen, das Fruchtfleisch mit dem Zuckersirup vermischen und alles abkühlen lassen. Dann durch ein Haarsieb streichen, dabei aber nur leicht ausdrücken, damit zwar die Flüssigkeit abläuft, die Kerne jedoch nicht zerdrückt werden und im Sieb zurückbleiben. Die Mischung in eine dünne Metallschüssel geben und ins Gefrierfach stellen. Sobald die Masse am Rand fest zu werden beginnt, einmal kräftig mit einer Gabel durchrühren, dann weiter gefrieren lassen, bis die Masse fast ganz fest ist.
Die Sahne steifschlagen, dann unter das Passionsfruchteis mischen, wieder ins Gefriergerät geben und ganz erstarren lassen.
Zum Servieren mit einem Kugelportionierer oder einem großen Servierlöffel das Parfait in vier vorgekühlte Glasschalen geben. Rasch servieren.
Dazu ein Glas halbtrockenen Sekt und leichtes Waffelgebäck reichen.
Variation: Wer mag, kann jede Portion noch mit einer Soße aus flüssigem, erwärmtem Honig und Aprikosengeist beträufeln.
Ebenso kann man auch ein **Granatapfel-Parfait** aus dem Saft von 3 Früchten zubereiten. Dieses eventuell noch mit etwas Grenadinesirup (Granatapfelsirup) begießen und mit einigen Granatapfelkernen bestreuen.

Bunter Sommersalat

Bunter Sommersalat

4 Portionen à ca. 1785 kJ (425 kcal)

1 Honigmelone, 250 g Süßkirschen, 250 g helle und dunkle Weintrauben, 75 g Puderzucker, 5 cl Orangenlikör (Grand Marnier, Cointreau), 4 Eßl. Zitronensaft, 1 Becher süße Sahne (200 g), 40 g Zucker, ausgeschabtes Mark einer halben Vanilleschote.

Melone waschen, abtrocknen, halbieren und mit einem Löffel die Kerne und das weiche Fruchtfleisch auskratzen. Den Saft ablaufen lassen. Eine Melonenhälfte der Länge nach in schmale Schnitze schneiden und diese schälen.
Aus der zweiten Hälfte das feste Fruchtfleisch lösen und in 2 cm große Würfel schneiden.
Die entstielten Kirschen und die Weintrauben waschen und mit Haushaltspapier abtrocknen. Die Kirschen entsteinen. Die Weinbeeren von den Stielen zupfen, halbieren und entkernen.
Melonenwürfel, Kirschen und Beeren in eine Schale füllen.
Den Puderzucker mit Orangenlikör und Zitro-

Pfirsich Herzogsart

nensaft glattrühren und über das Obst gießen. Die Schüssel zudecken und den Salat 30 Minuten im Kühlschrank durchziehen lassen.
Die Sahne mit Zucker und Vanillemark halbsteifschlagen.
Das marinierte Obst auf vier Dessertteller verteilen, die Melonenschnitze dazu gruppieren und das Ganze mit Sahnetupfern garnieren.
Dazu Mürbegebäck und eventuell ein Glas halbtrockenen Sekt reichen.

Pfirsiche Herzogsart

4 Portionen à ca. 1845 kJ (440 kcal)

400 g rote Johannisbeeren, 100 g Zucker, 2 Eßl. Rum, 1/4 l süße Sahne, 1 Pckg. Sahnesteifpulver, 4 feste, vollreife Pfirsiche, 6 Eßl. Weißwein, Saft von einer Zitrone, 1 Eßl. heller Honig.

Johannisbeeren waschen, gut abtropfen lassen und von den Stielen streifen.
250 g Beeren mit 75 g Zucker bestreuen und zugedeckt 30 Minuten Saft ziehen lassen. Dabei die Beeren zwei- bis dreimal locker in der Schüssel durchschütteln. Anschließend die Beeren mit einem Holzlöffel oder einer Gabel grob zerdrücken und mit dem Rum mischen.
Die Sahne mit dem Sahnesteifpulver steifschlagen. Die marinierten Beeren behutsam unter die Sahne heben und die Creme für mindestens 2 Stunden ins Tiefkühlfach stellen.
Pfirsiche mit kochendem Wasser übergießen und 1 Minute darin liegen lassen. Dann die Haut abziehen, die Früchte halbieren und die Kerne auslösen.
Den Weißwein mit dem Zitronensaft und dem restlichen Zucker in einem Stieltopf mischen. Die Flüssigkeit 5 Minuten sprudelnd durchkochen lassen. Die Pfirsichhälften und die restlichen Johannisbeeren in den Sirup legen. Im zugedeckten Topf bei geringer Hitze 3 Minuten dünsten. Dann beiseite stellen und abkühlen lassen.
Das Sahne-Johannisbeer-Parfait auf 4 Dessertteller verteilen und je 2 Pfirsichhälften dazugeben. Das Ganze mit Johannisbeeren krönen.
Dazu schmecken zarte Löffelbiskuits, Eiswaffeln und ein aromatischer Mokka.

Mandarinengelee

4 Portionen à ca. 780 kJ (185 kcal)

8 mittelgroße Mandarinen, 3 Eßl. Orangenlikör (Grand Marnier, Cointreau), 3 Blatt weiße Gelatine, 50 g Zucker, 1/8 l Wasser, 1/8 l Weißwein, 2 Eßl. Mandelblättchen.

4 Mandarinen im Ganzen aus der Schale lösen und die weißen Innenhäutchen restlos abziehen. Die Früchte in dünne Scheiben schneiden und eventuelle Kerne entfernen. Die Mandarinenscheiben mit dem Likör beträufeln und zugedeckt marinieren lassen.
Die Gelatine zusammenrollen und in kaltem Wasser einweichen.
Zucker, Wasser und Wein in einem Topf mischen und langsam erwärmen. Die ausgedrückte Gelatine darin auflösen. Die restlichen Mandarinen auspressen und den Saft zufügen. Sobald die Flüssigkeit zu gelieren beginnt, die Mandarinenscheiben in Portionsgläser verteilen, mit dem Gelee auffüllen und im Kühlschrank fest werden lassen.
Vor dem Servieren die Mandelblättchen über das Gelee streuen.

Fruchtsalat „Haifa"

4 Portionen à ca. 670 kJ (160 kcal)

Saft von 2 Limetten, 50 g Puderzucker, ausgeschabtes Mark einer halben Vanilleschote, 250 g Erdbeeren, 250 g frische Datteln, 1 Mangofrucht (siehe auch Seite 136–141), 1 große, saftige Birne.

Den Limettensaft mit Puderzucker und Vanillemark verrühren.
Die Erdbeeren waschen, gründlich abtropfen lassen, dann erst die Stengelansätze herausdrehen. Die Früchte je nach Größe halbieren oder vierteln.
Datteln ebenfalls halbieren, entsteinen und die Dattelhälften noch mal längs durchschneiden.
Die Mangofrucht schälen. Das Fruchtfleisch dann in dünnen Segmenten einzeln von dem Kern ablösen. Die Segmente in etwa 2 cm lange Stücke schneiden.
Birne vierteln, schälen, entkernen, von Blüten- und Stengelansatz befreien und in dünne Scheiben schneiden.
Alle Salatzutaten mit der Soße vermischen. Den Salat 20 Minuten in den Kühlschrank stellen.
Dazu kann halbsteif geschlagene süße Sahne oder cremig gerührter Doppelrahmfrischkäse gereicht werden.
Hinweis: Keinen Alkohol zu dem Dessert reichen. In Verbindung mit Mangofrüchten kann er zu Magenverstimmungen führen.
Tip: Mangos lassen sich schwer schälen. Am besten geht es, wenn man die Schale wie bei einer Orange in dichten Abständen einritzt und dann vorsichtig abzieht.

Fruchtsalat „Haifa"

Süßsaures Zwetschenkompott

4 Portionen à ca. 825 kJ (195 kcal)

500 g Spätzwetschen, 1/10 l Rotweinessig, 50 g Honig, 1/4 Zimtstange, 2 Gewürznelken, 1 kleines Stück getrockneter Ingwer, 1 kleiner Becher Crème fraîche (100 g).

Die Zwetschen waschen, abtropfen lassen, halbieren und die Steine entfernen.
Die Zwetschen mit dem Rotweinessig, dem Honig und den Gewürzen in einem Topf zum Kochen bringen und unter Rühren 10 Minuten köcheln lassen. Wem das Kompott zu dick erscheint, gibt noch etwas Wasser (oder Rotwein) dazu.
Das Kompott zuerst im kalten Wasserbad, dann im Kühlschrank erkalten lassen. Erst dann die Gewürze entfernen.
Das Kompott auf Servierteller verteilen und mit je einem Klecks Crème fraîche garnieren.
Tip: Das Kompott schmeckt (ohne Crème fraîche) auch sehr gut als Beilage zu zartem Wildbraten, zu gekochter Ochsenbrust oder zu Tafelspitz.
Auf die gleiche Weise kann man auch **süßsaures Kirschkompott** zubereiten. Dazu nehmen Sie am besten große, feste dunkle Süßkirschen. Als Gewürz können Sie noch 1 bis 2 Stücke Sternanis zufügen. Beide Kompotts lassen sich mit etwas „Geist" (Zwetschen- oder Kirschwasser) verfeinern.

Nektarinen-Brombeer-Salat

4 Portionen à ca. 950 kJ (225 kcal)

250 g Gartenbrombeeren, 50 g Zucker, 1 Päckchen Vanillezucker, 6 Nektarinen, knapp 1/8 l Weißwein, 6 cl Apricot Brandy.

Brombeeren verlesen, vorsichtig waschen, abtropfen lassen und auf Haushaltspapier ausbreiten. Ganz leicht mit Haushaltspapier abtupfen. Brombeeren in einer Schüssel mit dem Zucker und dem Vanillezucker vermischen und Saft ziehen lassen.

Die Nektarinen waschen, abtrocknen, halbieren, entsteinen und das Fruchtfleisch in dünne Schnitze teilen.

Den Weißwein in einem Topf zugedeckt aufkochen. Die Nektarinenstücke einlegen und den Topf sofort vom Herd nehmen. Die Nektarinen 5 Minuten ziehen lassen. Dann die Brombeeren zufügen, damit sich der Zucker auflösen kann. Die Mischung in eine Servierschale füllen und abkühlen lassen. Dann in den Kühlschrank stellen.

Erst unmittelbar vor dem Servieren den Apricot Brandy untermischen.

Dazu kann man halbsteif geschlagene Sahne oder schaumig gerührte Crème fraîche oder auch Vanilleeiskrem reichen.

Überbackener Obstsalat

4 Portionen à ca. 850 kJ (205 kcal)

250 g helle Weintrauben, 2 Pfirsiche, 2 Kiwifrüchte (siehe auch Seite 136–141), 125 g Gartenbrombeeren, 1 cl Marsala oder halbtrockener Sherry (Amontillado), 3 Eiweiß, 1 Teel. Zitronensaft, 1 Msp. abgeriebene Zitronenschale, 75 g Puderzucker.

Weintrauben waschen, abtropfen lassen und die Beeren von den Stielen zupfen. Dann halbieren und entkernen.

Die Pfirsiche kurz in kochendes Wasser legen, kalt abschrecken, schälen, halbieren, entsteinen und in dünne Schnitze teilen.

Kiwis schälen und in etwa 3 mm dicke Scheiben schneiden.

Die Brombeeren verlesen, kurz kalt waschen und gut abtropfen lassen, eventuell noch mit Haushaltspapier trockentupfen.

Alles mit dem Marsala oder Sherry in einer kleinen feuerfesten Form mischen und mit Folie bedeckt 30 Minuten durchziehen lassen.

Eiweiß mit Zitronensaft zu festem Schnee schlagen, dabei nach und nach die Zitronenschale und den Puderzucker zufügen. Die Baisermasse in einen Spritzbeutel mit Sterntülle füllen und kleine Rosetten dicht an dicht auf den Obstsalat spritzen. Die Form in den auf 250° (Gas Stufe 6) vorgeheizten Backofen stellen und den Salat so lange überbacken, bis die Spitzen der Baisermasse eben zu bräunen beginnen. Das dauert etwa 10 Minuten. Den Obstsalat dann rasch servieren.

Vanilleeis mit Birnen-Preiselbeer-Kompott

4 Portionen à ca. 1355 kJ (325 kcal)

2 große, reife Birnen (ca. 300 g), 250 g Preiselbeeren, 80 g Zucker, 4 cl Portwein oder halbtrockener Sherry (Amontillado), einige Tropfen Vanilleextrakt, 1 Haushaltspackung (500 ml) Vanilleeiskrem.

Birnen schälen, vierteln, entkernen, von Blüten- und Stengelansätzen befreien. Dann in mundgerechte Würfel schneiden.

Die Preiselbeeren verlesen, waschen, gründlich abtropfen lassen und zusammen mit den Birnen, dem Zucker und dem Portwein oder Sherry und Vanilleextrakt in einem Topf vermischen. Bei nicht zu starker Hitze langsam zum Kochen bringen und im offenen Topf unter Rühren 3 Minuten kochen lassen. In eine Metallschüssel geben und zuerst im kalten Wasserbad, dem einige Eisstücke beigefügt wurden, dann im Kühlschrank erkalten lassen.

Unmittelbar vor dem Servieren Vanilleeiskrem in 16 gleichgroße Würfel teilen. Je 4 auf einen Servierteller geben und mit dem Birnen-Preiselbeer-Kompott umgießen.

Dazu eventuell noch eine süße Creme aus Doppelrahmfrischkäse, Eigelb und Schlagsahne oder nur Schlagsahne servieren.

Variation: Sehr gut schmeckt es auch, wenn das Eis mit heißem Kompott gereicht wird. Dann sollte man das Kompott jedoch noch mit etwas Zimt- oder Nelkenpulver würzen.

Es macht zwar etwas Mühe, schmeckt aber köstlich: selbstgemachtes **Vanille-Parfait.** Dazu 4 Eigelb mit 75 g Zucker schaumig rühren. $1/2$ l Milch mit einer aufgeschnittenen Vanilleschote aufkochen und unter kräftigem Schlagen mit dem Schneebesen in die Eiercreme einlaufen lassen. Die Mischung dann kaltschlagen. $1/4$ l geschlagene Sahne untermischen und alles im Gefrierfach fest werden lassen. Dabei häufig umrühren.

Kirsch-Frappé

4 Portionen à ca. 455 kJ (110 kcal)

300 g dunkle Süßkirschen, 1 kleine unbehandelte Zitrone, 30 g Zucker, 1 Prise Ingwerpulver, 1 Prise Zimtpulver, 16 Eiswürfel, 4 cl Kirschwasser.

Kirschen entstielen, waschen, abtropfen lassen und entsteinen.
Die Zitrone unter fließendem Wasser gründlich abbürsten, dann abtrocknen und die Schale mit einem Julienne-Kratzer abschaben oder hauchdünn abschälen. Die Schale dann in 1 mm dicke Streifchen schneiden. Die Zitrone auspressen.
Kirschen, Zitronensaft, Zucker, Ingwerpulver und Zimt im Mixaufsatz der Küchenmaschine so lange pürieren, bis sich der Zucker ganz aufgelöst hat. Oder den Schneidstab des Handrührgeräts benutzen.
Die Eiswürfel im Eisschneebereiter zermahlen oder in ein sauberes Küchentuch füllen und mit dem Nudelholz fein zerstoßen. In vier hohe Bechergläser füllen und mit je 1 cl Kirschwasser übergießen. Darüber das Kirschpüree geben und dieses mit den Zitronenstreifchen bestreuen. Mit Langstiellöffeln servieren.
Kirsch-Frappé kann man bei einem festlichen Menü sowohl als Schlußdessert als auch vor einer Käseplatte reichen. Es schmeckt aber auch als Auftakt eines leichten Menüs an einem heißen Sommertag.
Variation: Wer das Kirsch-Frappé noch intensiver im Geschmack liebt, gibt statt Kirschwasser Maraschinolikör oder Pfefferminzlikör über das Eis.
Farblich sehr interessant ist ein Kirsch-Frappé aus konservierten Früchten. Dann den Saft mit etwas Wasser gemischt gefrieren lassen. Die Früchte wie beschrieben zubereiten und über das rote Eis gießen.
Ebenso kann man **Pflaumen-Frappé** (mit Zwetschenwasser), **Aprikosen-Frappé** (mit Apricot Brandy) oder **Brombeer-Frappé** (mit Himbeergeist) zubereiten.

Quitten-Soufflé

4 Portionen à ca. 1525 kJ (365 kcal)

1000 g Quitten, 125 g Zucker, 1 kräftige Prise gemahlener Zimt, 1 Msp. gemahlene Nelken, abgeriebene Schale einer halben unbehandelten Zitrone, 6 Eiweiß, 1 Prise Salz, 1 Teel. Zitronensaft, Butter oder Margarine zum Einfetten, 2 Eßl. gemahlene Mandeln oder Haselnüsse zum Ausstreuen, Puderzucker zum Bestäuben.

Quitten mit einem Küchentuch abreiben, damit der weiße Flaum abgeht. Dann waschen, abtrocknen und schälen. Die Kerngehäuse herausschneiden. Schalen und Kerngehäuse in einen Topf geben und mit Wasser eben bedekken. Zugedeckt in etwa 45 Minuten weichkochen. Dann in ein Sieb gießen, die Flüssigkeit ablaufen lassen, Schalen und Kerngehäuse kräftig ausdrücken. Den so gewonnenen Saft wieder in den Topf geben.
Die Quitten in Viertel schneiden und zusammen mit Zucker, Zimt, Nelken und Zitronenschale zugedeckt in etwa 30 Minuten weichkochen. Etwas abkühlen lassen, dann mit dem Schneidstab des Handrührgeräts oder im Mixer pürieren.
Das Eiweiß mit Salz und Zitronensaft zu steifem Schnee schlagen und locker aber gründlich unter die Quittenmasse heben.
Eine hohe, gerade Soufflé- oder Auflaufform mit Butter oder Margarine einfetten und mit Mandeln oder Haselnüssen ausstreuen. Die Quittenmasse hineingeben. Die Form in den auf 200° (Gas Stufe 3) vorgeheizten Backofen schieben und das Soufflé in 35 bis 40 Minuten garen. Mit Puderzucker bestäuben und rasch servieren.
Das Quitten-Soufflé als Dessert nach einem leichten Fischgang oder einem üppigen Salat reichen. Als Dessert nach einem mehrgängigen Menü oder einem großen Braten ist es für 6 bis 8 Personen ausreichend.

Weincreme mit Cranberries

4 Portionen à ca. 1465 kJ (350 kcal)

¼ l trockener Weißwein, 3 Blatt helle Gelatine, 3 Eigelb, 125 g Zucker, ausgeschabtes Mark einer halben Vanilleschote, 125 g Cranberries (amerikanische Preiselbeeren, siehe Seite 136–141), 1 Becher süße Sahne (200 g).

Den Wein langsam erhitzen, aber nicht zum Kochen kommen lassen.
Die Gelatine zusammengerollt 10 Minuten in kaltem Wasser einweichen.
Eigelb mit 60 g Zucker und dem Vanillemark cremigschlagen.
Die Gelatine ausdrücken und in dem Wein auflösen. Den Wein nach und nach unter die Eiercreme rühren. Etwas abkühlen lassen, dann in den Kühlschrank stellen.
Die Cranberries waschen, abtropfen lassen, mit dem restlichen Zucker in einem Topf mischen und einmal aufkochen. Dabei mit einer Gabel leicht zerdrücken. Die Cranberries im kalten Wasserbad abkühlen lassen.

Weincreme mit Cranberries

Sobald die Weincreme zu gelieren beginnt, die Sahne steifschlagen und vorsichtig unter die Creme ziehen. Dann in Gläser oder auf Dessertteller füllen und noch einmal kühl stellen. Mit den Cranberries garniert servieren.
Dazu „Cigarettes Russes" anbieten.
Variationen: Sie können die Creme auch mit den heißen Cranberries übergießen. Oder Sie verwenden statt dessen Preiselbeeren. Wenn es schnell gehen soll, können Sie auch roh gerührte Preiselbeeren aus dem Glas nehmen und erhitzen. Die Beeren mit etwas Korianderpulver würzen.

Rhabarberkompott mit Erdbeer-Vanille-Eiskrem

4 Portionen à ca. 1345 kJ (320 kcal)

400 g Himbeerrhabarber, 1 saftiger Apfel (Golden Delicious), 1 Vanilleschote, 125 g Zucker, knapp ⅛ l Weißwein, 1 Haushaltsbecher (500 ml) Erdbeer-Vanille-Eiskrem.

Rhabarber putzen, schälen und in etwa 2 cm breite Stücke schneiden.
Den gewaschenen Apfel vierteln, schälen, entkernen, von Blüten- und Stengelansatz befreien, dann in dünne Scheiben schneiden.
Die Vanilleschote aufschneiden und das Mark herausschaben. Mit Zucker und Wein in einen Stieltopf geben und alles bei starker Hitze zu einem dicken Sirup einkochen. Dann die Vanilleschote entfernen. Rhabarber- und Apfelstücke in den Sirup geben, alles noch einmal aufkochen, dann vom Herd nehmen und etwas abkühlen lassen. In eine Schüssel umfüllen und zum Erkalten in den Kühlschrank stellen.
4 Dessertschalen im Gefrierfach gut durchkühlen lassen. Unmittelbar vor dem Servieren das Eis mit einem großen, in heißes Wasser getauchten Eßlöffel portionieren und in die kalten Schalen verteilen, darüber das Rhabarberkompott geben.
Dazu Löffelbiskuits oder Waffelröllchen reichen.

Pflaumenkompott mit Walnußeis

4 Portionen à ca. 1230 kJ (295 kcal)

500 g blaue Pflaumen oder Zwetschen, 1/8 l Rotwein, 2 Päckchen Vanillezucker, 1 Prise gemahlene Nelken, 1/2 Stange Zimt, 1 Eßl. Speisestärke, 4 cl Zwetschenwasser oder Slibowitz, 400 ml Walnußeiskrem.

Pflaumen oder Zwetschen waschen, abtropfen lassen, halbieren und entsteinen.
Rotwein mit Vanillezucker, Nelken und Zimtstange im geschlossenen Topf aufkochen. Die Pflaumen oder Zwetschen einlegen und zugedeckt 10 Minuten ziehen, nicht kochen lassen.
Die Speisestärke mit etwas Wasser verquirlen, in den Pflaumensud rühren, alles einmal aufkochen und 30 Sekunden unter ständigem Rühren kochen lassen.
Die Zimtstange entfernen. Das Pflaumenkompott etwas abkühlen lassen, dann mit dem Zwetschenwasser oder dem Slibowitz verrühren.
Das Walnußeis mit dem Kugelportionierer zu 16 Kugeln formen und je 4 auf einen Dessertteller geben. Mit dem noch warmen Kompott umgießen und rasch servieren.
Tip: Wollen Sie dieses Dessert für ein Menü vorbereiten, kann das Kompott natürlich auch abgekühlt zu dem Eis gereicht werden. Oder sie erwärmen es noch einmal unmittelbar vor dem Servieren.

Weißes Schokoladeneis mit Himbeerpüree

4 Portionen à ca. 1785 kJ (425 kcal)

125 g weiße Schokolade, 3 Eigelb, 1 Eßl. Vanillezucker, 1 Teel. kaltes Wasser, 1 Becher süße Sahne (200 g), 150 g frische oder TK-Himbeeren, 1 Eßl. Puderzucker, 1 Eßl. Himbeergeist, 1 Prise gemahlener Ingwer.

Schokolade zerbrechen, in eine Schüssel geben und in einem mäßig warmen Wasserbad zum Schmelzen bringen.
Eigelb mit Vanillezucker und Wasser verquirlen. Ebenfalls in ein Wasserbad stellen und bei mäßig warmer Hitze dickcremig aufschlagen. Dann nach und nach die geschmolzene Schokolade unterrühren, bis eine glatte Masse entstanden ist. Die Mischung aus dem Wasserbad heben und so lange weiterrühren, bis sie kalt ist. Zum Schluß am besten in ein kaltes Wasserbad stellen, dem noch einige Eisstücke zugefügt wurden.
Die Sahne steifschlagen, dann unter die Schokoladencreme ziehen und diese im Gefrierfach fest werden lassen. Hin und wieder umrühren, damit sich keine zu großen Kristalle bilden.
Himbeeren verlesen, nur wenn nötig waschen, dann gründlich abtropfen lassen (TK-Himbeeren nur auftauen lassen). Himbeeren mit Puderzucker, Himbeergeist und Ingwer im Mixer pürieren oder mit dem Schneidstab des Handrührgeräts arbeiten.
Das Schokoladeneis mit einem Kugelportionierer zu Kugeln formen oder mit einem großen Eßlöffel in Portionen teilen. Auf gut gekühlte Teller geben und mit dem Himbeerpüree umgossen rasch servieren.
Bei einem festlichen Menü dazu ein Glas lieblichen Sekt reichen.
Variation: Selbstverständlich kann man ebenso dunkles Schokoladeneis zubereiten. Dazu dann sorgfältig gehäutete Orangenfilets oder pürierte Mandarinorangen aus der Dose servieren.

Erdbeerspeise

4 Portionen à ca. 635 kJ (150 kcal)

250 g Erdbeeren, 4 Blatt rote Gelatine, 1/4 l Buttermilch, 100 g Zucker, 2–3 Eßl. Zitronensaft, einige gewaschene Erdbeerblättchen zum Garnieren.

Erdbeeren waschen, trockentupfen und die Stengelansätze herausdrehen. Die Hälfte der Früchte mit einer Gabel zermusen, die restlichen Beeren längs halbieren.
Die Gelatineblätter zusammengerollt in kaltem Wasser einweichen.
Buttermilch mit dem Zucker in einem Topf mischen und ganz schwach erwärmen, bis sich der Zucker aufgelöst hat.
Die Gelatineblätter ausdrücken, in etwas heißem Wasser auflösen und in die Buttermilch rühren. Die Mischung kalt stellen. Sobald sie ganz leicht zu gelieren beginnt, das Erdbeermus und den Zitronensaft untermischen und einige Erdbeerstücke hineingeben. Das Gelee in Portionsgläser füllen und für mindestens 30 Minuten kühl stellen.
Unmittelbar vor dem Servieren mit den übrigen Erdbeerstücken und den Erdbeerblättchen verzieren.

Orangencreme

4 Portionen à ca. 1100 kJ (265 kcal)

2 unbehandelte Orangen, 4 Eier, 2 cl Orangenlikör (Cointreau, Grand Marnier), 5 cl trockener Weißwein, 100 g Zucker, 1 Teel. Zitronensaft, 1 Päckchen Vanillezucker.

Orangen unter fließendem lauwarmen Wasser abbürsten, abtrocknen und von einer Orange die Schale abreiben. Von der zweiten Orange die Schale einer Hälfte entweder mit dem Julienne-Kratzer abziehen oder hauchdünn abschälen und dann längs in 1 mm dicke Streifchen schneiden. Diese Juliennes beiseite legen. Die Orangen auspressen.
Die Eier trennen. Eigelb mit geriebener Orangenschale, Orangensaft, Orangenlikör, Weißwein und Zucker in einen Topf oder eine Edelstahlschüssel geben und in einem nicht zu heißen Wasserbad dickcremig aufschlagen. Aus dem Wasserbad nehmen und kaltschlagen.
Eiweiß mit Zitronensaft zu festem Schnee schlagen, dabei nach und nach den Vanillezucker einrieseln lassen. Die Hälfte der Eischneemasse auf die Creme geben und vorsichtig, aber gründlich unterziehen.
Die Creme in Portionsschälchen füllen, mit dem restlichen Eischnee überziehen und die Orangenschalenstreifchen darüberstreuen. Rasch servieren.
Dazu schmeckt ein Glas halbtrockener Sekt.

Papaya-Creme

4 Portionen à ca. 2295 kJ (550 kcal)

6 Blatt weiße Gelatine, 2 reife Papayas (siehe auch Seite 136–141), 1/4 l Milch, 80 g Zucker, 1 Päckchen Vanillezucker, abgeriebene Schale und Saft einer unbehandelten Zitrone, 1 Becher süße Sahne (200 g), 150 g Löffelbiskuits, 6 cl Zitronen- oder Orangenlikör, 4 kandierte Zitronen- oder Orangenscheiben zum Garnieren.

Die Gelatine zusammenrollen und in kaltem Wasser einweichen.
Papayas schälen, halbieren und die Kerne herausschaben. Das Fruchtfleisch in Würfel schneiden, mit Milch, Zucker, Vanillezucker, Zitronenschale und -saft in den Mixer geben und pürieren. In eine Schüssel füllen.
Die Gelatine tropfnaß in ein Stieltöpfchen geben und unter Rühren bei milder Hitze schmelzen lassen. In die Papayamilch rühren und in den Kühlschrank stellen.
Sobald die Masse eben fest zu werden beginnt, die Sahne steifschlagen und unterziehen. Die Papayacreme in einen Spritzbeutel mit Lochtülle füllen und etwa 1/4 davon schneckenförmig in vier Portionsgläser spritzen.
Die Löffelbiskuits zerbröckeln, die Hälfte auf die Creme verteilen, mit 3 cl Likör beträufeln und mit der Hälfte der restlichen Creme bedecken. Darüber nun die übrigen Biskuits geben, mit dem restlichen Likör beträufeln und die noch übrige Creme spiralförmig daraufspritzen. Die Gläser noch 2 Stunden in den Kühlschrank stellen.
Kandierte Zitronen- oder Orangenscheiben oder frische Limettenscheiben als Garnierung in die Creme stecken.
Dazu Cream Sherry oder Sekt reichen.

Papaya-Creme

Erdbeer-Eisbecher

4 Portionen à ca. 1640 kJ (390 kcal)

*250 g Erdbeeren, 4 cl Portwein,
3 Eßl. Zucker, 1 Becher Sahnejoghurt (175 g),
1/8 l Milch, 1/8 l süße Sahne,
1/2 Haushaltspackung (250 ml)
Pistazieneiskrem.*

Erdbeeren gut waschen, trockentupfen und die Blütenansätze herausdrehen. Zwei Drittel der Beeren mit Portwein, Zucker und Sahnejoghurt in den Mixer geben und bei Stufe 1 pürieren. Dann auf Stufe 3 schalten und nacheinander Milch und Sahne einlaufen lassen. Weiterschlagen, bis alles schaumig verquirlt ist.
Die übrigen Erdbeeren halbieren und beiseite stellen.
Das Pistazieneis zu Kugeln oder Würfeln formen und in 4 hohe Gläser verteilen. Dazwischen die Erdbeerhälften geben. Mit Erdbeermilchcreme auffüllen.
Dazu Zitronenwaffeln reichen.

Erdbeer-Eisbecher

Zwetschen-Cocktail

4 Portionen à ca. 1400 kJ (335 kcal)

*500 g Spätzwetschen, abgeriebene
Schale einer halben unbehandelten Zitrone,
1 Eßl. Zitronensaft, 60 g Zucker,
1 Becher Crème fraîche (200 g),
1 Prise gemahlener Zimt,
1 Prise gemahlene Nelken, 4 cl Zwetschenwasser (ersatzweise weißer Rum).*

Zwetschen waschen und gründlich abtropfen lassen. Einige Früchte zum Garnieren zurücklegen, die übrigen halbieren und entsteinen. Zusammen mit der Zitronenschale, dem Zitronensaft und dem Zucker in den Mixer geben und so lange pürieren, bis sich der Zucker fast ganz gelöst hat. (Oder mit dem Schneidstab des Handrührgerätes arbeiten.) Dann nach und nach die Crème fraîche zufügen. Mit Zimt, Nelken und Zwetschenwasser abschmecken.
Den Cocktail in Serviergläser füllen, mit Folie abdecken und bis zum Servieren in den Kühlschrank stellen.

Zwetschen-Cocktail

Die zurückbehaltenen Früchte entsteinen und den Zwetschen-Cocktail damit garnieren.
Dieses Dessert schmeckt besonders gut nach einem leichten Hauptgang. Man kann dazu Sandkuchen und Mokka oder Espresso reichen.

Limetten-Orangen-Creme

4 Portionen à ca. 1425 kJ (340 kcal)

2 unbehandelte Limetten (ersatzweise Zitronen), 3 Orangen, halbtrockener Weißwein, 5 Blatt weiße Gelatine, 2 Eigelb, 75 g Puderzucker, 1 Becher süße Sahne (200 g).

Die Limetten oder Zitronen unter fließendem lauwarmen Wasser abbürsten, abtrocknen und hauchdünn abschälen. Die Schalen in ganz zarte Streifen (Julienne) schneiden. Man kann die Schalen aber auch mit einem Julienne-Kratzer abziehen. Die Schalen zugedeckt beiseite stellen.
Limetten und 2 Orangen auspressen. Den Fruchtsaft mit Weißwein auf 1/2 l auffüllen.
Die Gelatine zusammenrollen und in kaltem Wasser einweichen.
Eigelb und Puderzucker schaumig schlagen, dann nach und nach die Limetten-Orangensaft-Mischung dazugeben.
Die Gelatine tropfnaß in ein Stieltöpfchen geben und auflösen. Unter Rühren in die Saft-Eigelb-Mischung geben und diese im Kühlschrank erstarren lassen.
Die letzte Orange wie einen Apfel schälen, so daß auch die weiße Innenhaut ganz entfernt wird. Die Filets dann mit einem scharfen Messer aus den Trennhäuten lösen und einmal quer durchschneiden, dabei entkernen.
Die Sahne steifschlagen.
Sobald die Creme eben fest zu werden beginnt, Orangenstücke und Sahne locker, aber gründlich unterziehen. Die Creme dann in 4 Portionsschälchen füllen und im Kühlschrank in 2 bis 3 Stunden ganz fest werden lassen. Mit den Limetten-Julienne garniert servieren.

Aprikosenschaum

4 Portionen à ca. 1465 kJ (350 kcal)

500 g vollreife Aprikosen, abgeriebene Schale und Saft einer halben unbehandelten Zitrone, 50 g Zucker, 1 Prise gemahlener Zimt, 8 cl Madeirawein, 4 Blatt weiße Gelatine, 2 Eiweiß, 1 Prise Salz, 1 Becher süße Sahne (200 g), 30 g Mandelblättchen.

Aprikosen mit kochendem Wasser überbrühen, häuten, halbieren und entsteinen. Die Früchte zusammen mit der Zitronenschale, dem Zitronensaft, Zucker und Zimt in einen Mixer geben und feinpürieren. Dabei nach und nach den Madeira zufügen.
Die zuvor 10 Minuten in kaltem Wasser eingeweichte Gelatine tropfnaß in ein Stieltöpfchen geben und unter Rühren langsam erwärmen, bis sie ganz geschmolzen ist. In das Aprikosenpüree rühren. Das Püree in eine Schüssel geben und in den Kühlschrank stellen.
Eiweiß mit Salz zu steifem Schnee schlagen. Die Sahne ebenfalls steifschlagen.
Sobald das Aprikosengelee eben beginnt, fest zu werden, zuerst den Eischnee, dann die Sahne untermischen. Das geht am besten mit einem großen Schneebesen. Den Aprikosenschaum in Portionsschälchen füllen und wieder in den Kühlschrank stellen.
Kurz vor dem Servieren die Mandelblättchen in einer beschichteten Pfanne ohne Fettzugabe goldbraun rösten. Den Aprikosenschaum mit den Mandelblättchen bestreut servieren.
Dazu Mürbeteigplätzchen und Kaffee oder Mokka reichen.

Fertige Eiskrem und TK-Früchte sollte man stets auf Vorrat im Hause haben. Überraschungsgäste genießen auch im Winter ein Dessert aus Eis und Fruchtsoße. Eiskrem, die in vielerlei Form überall angeboten wird, kann aus so mancher Verlegenheit helfen, zum Beispiel auch, wenn ein Dessert tatsächlich einmal „daneben"gegangen ist.

Dattelklößchen mit Fruchtsoße

4 Portionen à ca. 2990 kJ (715 kcal)

200 g Mehl, ½ Teel. Backpulver, 175 g Magerquark, 2 Eigelb, 40 g Butter, 1 Prise Salz, 16 frische Datteln, 50 g Orangeat, Mehl zum Formen, 3 l Salzwasser, 5 Orangen, 1 Zitrone, 1/10 l Weißwein, 75 g Zucker, 1 Päckchen Vanillezucker, 1 Eßl. Speisestärke, 4 Mandarinen, 4 cl Orangenlikor (Grand Marnier, Cointreau).

Mehl und Backpulver in eine Schüssel sieben.
Den Quark in einem sauberen Küchentuch gut ausdrücken, dann mit dem Eigelb zum Mehl geben. Alles mit den Knethaken des Handrührgeräts zu einem glatten Teig verarbeiten.
Die Butter schmelzen lassen, nach und nach dem Teig zufügen. Das Salz unterkneten und den Teig etwas ruhen lassen.
Inzwischen die Datteln an der „Nahtstelle" aufschneiden und den Kern entfernen.
Das Orangeat feinhacken und die Datteln damit füllen.
Aus dem Teig mit bemehlten Händen nacheinander 8 Klöße formen, dabei jeden mit 2 Datteln füllen.
Das Salzwasser sprudelnd aufkochen lassen. Die Klöße einlegen, das Wasser noch einmal aufkochen lassen, dann die Hitze reduzieren oder den Topf kurz von der Herdplatte ziehen. Die Klöße in etwa 15 Minuten im eben siedenden Wasser garziehen lassen.
Nebenher die Fruchtsoße bereiten. Dazu die Orangen und die Zitrone wie Äpfel schälen, so daß auch die pelzige Innenhaut abgeht. Die Fruchtfilets mit einem kleinen, scharfen Messer aus den dünnen Innenhäutchen lösen und anschließend feinhacken. Mit Weißwein, Zucker und Vanillezucker zum Kochen bringen.
Die Speisestärke mit etwas Wasser verquirlen, in die Fruchtmischung rühren, alles aufkochen und unter Rühren noch 30 Sekunden kochen lassen. Dann vom Herd nehmen.
Mandarinen schälen, von den Fruchtstücken die Innenhaut entfernen, dabei das Fruchtfleisch entkernen und dann feinhacken. Zusammen mit dem Orangenlikör unter die Soße mischen.
Die Dattelklößchen mit einem Schaumlöffel aus dem Kochwasser heben, gut abtropfen lassen und in einer vorgewärmten Schüssel servieren. Die warme Soße getrennt reichen.
Hinweis: Dieses recht üppige Dessert sollte nur nach einem leichten Hauptgang gereicht werden. Man kann die Dattelklößchen aber auch als Hauptgericht – dann in doppelter Menge – servieren. Vorher gibt es dann nur eine leichte Gemüsesuppe oder eine Rohkostplatte.

Kirsch-Crumble

(Kirschen mit Butterbrösel)

4 Portionen à ca. 1015 kJ (245 kcal)

500 g große Süßkirschen, 1 cl Kirschwasser oder Himbeergeist, 40 g Butter, 60 g Mehl, 2 Eßl. Zucker, ausgeschabtes Mark einer viertel Vanilleschote, einige Tropfen Zitronensaft.

Kirschen entstielen, waschen, gründlich abtropfen lassen und entsteinen. Mit dem Kirschwasser oder Himbeergeist mischen und zugedeckt 30 Minuten durchziehen lassen, dabei hin und wieder umrühren.
Die Butter in einem kleinen Stieltopf schmelzen lassen, dann abschäumen.
Das Mehl in eine kleine Schüssel geben, mit Zucker und Vanillemark vermischen. Löffelweise die Butter zufügen, dabei stets mit der anderen Hand Butter und Mehl zu Bröseln verkneten. Nach Belieben noch etwas Zitronensaft zufügen.
Die Kirschen in feuerfeste Servierförmchen füllen und mit den Bröseln bedecken. Die Förmchen in den auf 200° (Gas Stufe 3) vorgeheizten Backofen stellen und die Kirschen 20 bis 25 Minuten überbacken, bis die Brösel eine goldbraune Farbe haben. Kirsch-Crumble heiß in den Formen servieren.
Dazu eventuell gut gekühlte flüssige Sahne reichen.
Hinweis: Auch wenn das Dessert für Kinder gedacht ist, kann es mit Kirschwasser oder Himbeergeist zubereitet werden. Der Alkohol verfliegt während der Backzeit, nur das köstliche Aroma bleibt.

Melonen-Charlotte

Melonen-Charlotte

4 Portionen à ca. 2155 kJ (515 kcal)

1 Honigmelone, 3 Eßl. Limetten- oder Zitronensaft, 2 Eiweiß, 150 g Zucker, 1 Becher süße Sahne (200 g), 1/2 Ogenmelone, 4 cl weißer Rum, 16 Löffelbiskuits (fertig gekauft), gehackte Pistazienkerne.

Honigmelone halbieren. Die Kerne mit dem faserigen Fruchtfleisch herausschaben. Die Melonenhälften in Streifen schneiden, das Fruchtfleisch von der Schale lösen, würfeln, zusammen mit dem Zitronensaft in den Mixer geben und pürieren.

Eiweiß zu steifem Schnee schlagen, dabei nach und nach den Zucker zufügen und so lange weiterschlagen, bis sich der Zucker ganz aufgelöst hat.

Die Sahne ebenfalls steifschlagen.

Eischnee, Sahne und Melonenpüree mischen und in eine Metallschale füllen. Im Gefrierfach in etwa 3 Stunden fest werden lassen. Dabei alle 30 Minuten mit einem Schneebesen einmal kräftig durchrühren.

Nebenher die Ogenmelone ebenfalls von Kernen und faserigem Fruchtfleisch befreien. Das feste Fruchtfleisch mit einem kleinen Kugelausstecher auslösen, mit Rum in einer Schüssel mischen und zugedeckt in den Kühlschrank stellen.

Eine kleine Metallschüssel mit rundem Innenboden mit etwa 1/4 der Eismasse füllen. Dann den Rand der Schüssel mit den Löffelbiskuits bedecken und die restliche Eismasse einfüllen. Die Schüssel noch mal für mindestens 1 Stunde ins Gefrierfach stellen.

Unmittelbar vor dem Servieren die Schüssel kurz in heißes Wasser tauchen und die Charlotte auf eine Platte stürzen. Mit den Ogenmelonenkugeln und den gehackten Pistazienkernen garnieren.

Dazu ein Glas Sekt reichen.

Hinweis: Die Melonen-Charlotte ist ein sehr üppiges Dessert. Nach einem mehrgängigen Menü ist die angegebene Menge auch für 8 Personen ausreichend.

Mandelbaisers auf Fruchtgrütze

4 Portionen à ca. 1805 kJ (430 kcal)

250 g dunkle Süßkirschen,
250 g Sauerkirschen, 4 Pfirsiche, 4 Kiwis
(siehe auch Seite 136–141),
1/8 l Kirschsaft, 1 Eßl. Speisestärke,
1/8 l Weißwein, 140 g Zucker,
1 Eßl. Zitronensaft, 2 cl Kirschwasser,
2 Eiweiß, 1/2 Teel. Zitronensaft,
50 g gemahlene Mandeln.

Kirschen entstielen, waschen, abtropfen lassen und entsteinen.
Pfirsiche mit kochendem Wasser überbrühen, häuten, vierteln, entkernen und in dünne Schnitze teilen.
Die Kiwis schälen und in etwa 5 mm dicke Scheiben schneiden.
Von dem Kirschsaft 4 Eßlöffel abnehmen und die Speisestärke damit glattrühren. Den übrigen Saft mit Wein, 40 g Zucker und dem Zitronensaft in einem geschlossenen Topf zum Kochen bringen. Die Früchte einlegen und die Speisestärke hineinrühren. Alles aufkochen und 30 Sekunden unter Rühren kochen lassen.
Die Grütze im Wasserbad abkühlen lassen, dann erst das Kirschwasser einrühren und das Kompott zum Erkalten in den Kühlschrank stellen.
Für die Mandelbaisers Eiweiß mit Zitronensaft zu schnittfestem Schnee schlagen, nach und nach den restlichen Zucker zufügen und so lange weiterschlagen, bis sich der Zucker fast aufgelöst hat. Dann die Mandeln untermischen. Die Baisermasse in einen Spritzbeutel mit glatter Tülle füllen.
Auf ein Backblech ein großes Stück Backpapier oder Pergamentpapier legen. Aus der Baisermasse 4 große, schneckenhausförmige Plätzchen daraufspritzen und in dem auf 180° (Gas Stufe 2) vorgeheizten Backofen in 60 Minuten mehr trocknen als backen lassen. Die Mandelbaisers sollen aber eine leicht goldbraune Farbe bekommen. Die Baisers nur ganz wenig abkühlen lassen.

Die kalte Grütze in vier Portionsteller füllen und mit je einem noch warmen Baiser bedeckt servieren.
Wird dieses Dessert als Teil eines mehrgängigen Menüs serviert, kann man dazu einen halbtrockenen Sekt anbieten.
Tip: Wenn Sie die Kirschmenge verdoppeln und die Grütze mit 1/4 l Kirschaft und 3/4 l Wasser kochen und mit 2 bis 3 Eßlöffeln Speisestärke binden und dann abkühlen lassen, können Sie sie zusammen mit kleinen Mandelbaisers auch als Kaltschale an heißen Sommertagen servieren.
Hinweis: Wenn es mal schnell gehen muß, kaufen Sie fertige Baiserschalen beim Bäcker, füllen sie mit der Fruchtgrütze und gießen die restliche Grütze um die Schalen. Dann nach Belieben noch mit etwas Schlagsahne garnieren.

Kiwi-Grütze

4 Portionen à ca. 1260 kJ (300 kcal)

6 Kiwis von je ca. 100 g, 80 g Zucker, 1 Prise gemahlene Nelken, abgeriebene Schale einer halben unbehandelten Zitrone, 1/4 l trockener Weißwein, 3 Eßl. Speisestärke, 6 Eßl. frisch gepreßter Orangensaft, 1 kleiner Becher Crème fraîche (100 g).

Die Kiwis schälen. Aus der Mitte von 4 Früchten jeweils 1 dicke Scheibe herausschneiden, in Folie wickeln und in den Kühlschrank legen. Das übrige Kiwifleisch grobhacken. Mit Zucker, Nelken, Zitronenschale und Weißwein vermischen und langsam zum Kochen bringen.

Die Speisestärke mit dem Orangensaft glattrühren. Die Mischung in das Kiwimus rühren und alles unter Rühren aufkochen und noch 30 Sekunden kochen lassen.

Die Grütze in eine kalt ausgespülte Metallschüssel geben und im kalten Wasserbad etwas abkühlen lassen, in Serviergläser oder -schalen umfüllen und in den Kühlschrank stellen.

Unmittelbar vor dem Servieren die Crème fraîche schaumig schlagen, auf die Grütze geben und mit Kiwischeiben garnieren.

Rote Grütze

4 Portionen à ca. 1240 kJ (295 kcal)

500 g rote Johannisbeeren, 250 g schwarze Johannisbeeren, 250 g Himbeeren oder Süßkirschen, 150 g Zucker, knapp 3/4 l Wasser, 5 Eßl. Speisestärke.

Rote und schwarze Johannisbeeren waschen, gründlich abtropfen lassen, dann mit einer Gabel die Beeren von den Rispen streifen.

Himbeeren verlesen, nur wenn nötig kurz waschen und gut abtropfen lassen.

Kirschen entstielen, waschen, abtropfen lassen und entsteinen.

Die Früchte mit dem Zucker in einem Topf mischen und so viel Wasser angießen, daß sie eben bedeckt sind. Alles aufkochen und bei milder Hitze so lange kochen lassen, bis die Johannisbeeren fast weich sind.

Ein Haarsieb mit einem Mulltuch auskleiden, das Beerenmus hineingeben und den Saft ablaufen lassen, dabei kräftig ausdrücken.

Etwas Saft abkühlen lassen und damit die Speisestärke glattrühren. Diese Mischung in den übrigen Saft geben, alles aufkochen und unter Rühren 30 Sekunden kochen lassen.

Die Grütze in eine kalt ausgespülte Schüssel füllen und zuerst im Wasserbad, dann im Kühlschrank ganz kalt werden lassen. Um eine Hautbildung zu vermeiden, entweder etwas Zucker auf die Oberfläche streuen oder die Grütze hin und wieder umrühren.

Zu der Grütze eiskalte Sahne oder Milch servieren.

Variationen: Bei dem obigen Rezept handelt es sich um die berühmte „Rødgrød" aus Dänemark, die dort so etwas wie eine Nationalspeise ist. Auch in Schleswig-Holstein wird Rote Grütze auf diese Weise zubereitet, doch je weiter man nach Süden kommt, um so mehr Variationen gibt es. So läßt man in einigen Gegenden die Früchte im Ganzen, man gibt Erdbeeren, Süß- und Sauerkirschen und manchmal sogar Brombeeren mit hinein. Statt mit Speisestärke wird vielfach mit Sago angedickt. Und die Sahne wird durch Vanillesoße ersetzt.

Bunter, süß-saftiger Genu

Kuchen

Aprikosentorte mit Zuckergitter

em keiner widersteht:

Torten und Gebäck

Windbeutel mit Beerensahne
Rezepte nächste Seite

Aprikosentorte mit Zuckergitter

(Foto Seite 114/115)

Insgesamt ca. 19900 kJ (4755 kcal)

300 g Zwieback, 100 g Butter oder Margarine, 350 g Zucker, 1/8 l süße Sahne, 200 g Orangenkonfitüre, abgeriebene Schale einer unbehandelten Zitrone, 1000 g vollreife, aber feste Aprikosen, 6 Eßl. Wasser.

Den Zwieback in einen großen Gefrierbeutel geben und mit einem Nudelholz zu Bröseln zerdrücken.

Butter oder Margarine in einem Stieltopf mit 200 g Zucker vermischen und unter Rühren hellbraun karamelisieren lassen. Dann die Brösel und die Sahne zufügen und unter Rühren so lange einkochen lassen, bis eine zähe, aber eben noch streichfähige Masse entstanden ist.

Eine Tarte-Form oder eine Springform von ca. 26 cm Durchmesser mit Backpapier auslegen. Die Teigmasse hineindrücken, dabei einen etwa 2 cm hohen Rand arbeiten. Den Boden in dem auf 200° (Gas Stufe 3) vorgeheizten Backofen 10 Minuten backen. In der Form abkühlen lassen.

Die Orangenkonfitüre mit der Zitronenschale verrühren und auf den Tortenboden streichen, wenn dieser eben noch warm ist. Aus der Form nehmen und auf eine Servierplatte setzen.

Die Aprikosen mit kochendem Wasser überbrühen, häuten, halbieren und entsteinen. Dann sehr dicht nebeneinander mit der runden Seite nach oben auf den Tortenboden legen.

Den restlichen Zucker mit dem Wasser in einem großen Stieltopf unter ständigem Rühren zu einem dicken Sirup einkochen lassen. Wenn er hellbraun karamelisiert und dickflüssig geworden ist, mit einem Löffel kreuz und quer Zuckerfäden über die Aprikosen ziehen. Die Torte dann rasch auftragen, da der Boden bei zu langem Stehen wieder weich wird.

Zu der Torte mit Vanillezucker gewürzte halbsteife süße Sahne oder Crème fraîche servieren.

Windbeutel mit Beerensahne

(Foto Seite 114/115)

Insgesamt ca. 13780 kJ (3290 kcal)

1/8 l Wasser, 1/8 l Milch, 60 g Butter oder Margarine, 1 Prise Salz, 1 Eßl. Zucker, 150 g Mehl, 4 Eier, 1 Teel. Backpulver, Margarine zum Einfetten, Mehl zum Bestäuben, 200 g Himbeeren, 200 g Heidelbeeren, 1/4 l süße Sahne, 50 g Puderzucker, 1 Päckchen Sahnesteifmittel, 1 kleiner Becher Crème fraîche (100 g), 1 Eßl. Zucker, 3 Eßl. Cassis-Likör (Likör von schwarzen Johannisbeeren).

Wasser und Milch mit Fett, Salz und Zucker in einem Topf aufkochen lassen. Den Topf vom Herd nehmen, das Mehl auf einmal hineinschütten und rasch unterrühren, bis die Mischung glatt ist. Den Topf wieder auf den Herd stellen und den Teig so lange mit einem Kochlöffel weiterrühren, bis sich am Boden eine dünne Schicht bildet und der Teig die Form von einem Kloß hat. Das geht sehr schnell.

Den Topf dann wieder zur Seite ziehen und rasch 1 Ei unter den Teig mischen. Den Teig in eine Schüssel umfüllen, etwas abkühlen lassen, dann nach und nach die restlichen Eier unter den Teig rühren. Erst jetzt das Backpulver untermischen. Den Teig etwa 20 Minuten ruhen lassen. Dann in einen Spritzbeutel mit einer großen Lochtülle füllen.

Ein Backblech dünn mit Margarine einfetten und mit einem Hauch Mehl bestäuben.

Den Teig in drei großen Tupfen nebeneinander zu einem Riesenwindbeutel auf das Blech spritzen und den restlichen Teig als dicken Tuff in die Mitte geben. Den Riesenwindbeutel in dem auf 220° (Gas Stufe 4) vorgeheizten Backofen 15 Minuten backen. Dann auf 200° (Gas Stufe 3) herunterschalten und den Windbeutel noch weitere 15 Minuten backen.

Den Windbeutel auf ein Kuchengitter setzen und schnell mit einer Küchenschere im oberen Drittel quer aufschneiden, damit er ausdämpfen kann.

Während der Windbeutel abkühlt, die Füllung zubereiten. Die Beeren verlesen, vorsichtig waschen und gründlich abtropfen lassen. Auf eine dicke Lage Haushaltspapier legen und vorsichtig trockentupfen.

Die Sahne mit dem Puderzucker und dem Sahnesteifmittel sehr steif schlagen.
Crème fraîche mit Zucker schaumig schlagen, bis sich der Zucker ganz aufgelöst hat. Dann mit der Schlagsahne vermischen und die Masse halbieren. Die eine Hälfte mit dem Cassis-Likör parfümieren.
Den Windbeutel mit zwei Dritteln der Früchte füllen. Die Sahnemischungen nacheinander in einen Spritzbeutel mit großer Sterntülle füllen und als dicke Tupfen auf die Früchte spritzen. Mit den restlichen Früchten garnieren und den Deckel aufsetzen.
Den Windbeutel als Kaffeegebäck oder als Dessert bei einem festlichen Menü servieren.

Apfel-Kirsch-Kuchen

Apfel-Kirsch-Kuchen

Insgesamt ca. 17620 kJ (4210 kcal)

100 g Butter oder Margarine, Salz, 75 g Puderzucker, 1 Ei, 220 g Mehl, Margarine zum Einfetten, ½ l Milch, 2 Eigelb, ½ Vanilleschote, 2 Eßl. Zucker, 2 gestrichene Eßl. Speisestärke, ¼ l süße Sahne, 4 große, rotschalige Äpfel, 2 Eßl. Zitronensaft, 3 Eßl. Weinbrand, 2 Eßl. Wasser, 2½ Eßl. Gelierzucker, 250 g Sauerkirschen aus dem Glas.

Die weiche Butter oder Margarine mit 1 Prise Salz glattrühren, nach und nach den Puderzukker untermischen. Ein Ei zufügen und weiterrühren, bis eine geschmeidige Masse entsteht. Portionsweise 200 g Mehl untermischen und alles zu einem glatten Teig kneten.
Eine Tortenform von 26 cm Durchmesser einfetten.
Das übrige Mehl auf das Backbrett streuen und den Teig zu einer runden Platte von ca. 24 cm Durchmesser ausrollen. Die Form mit dem Teig auskleiden. Überstehenden Teig am Rand glatt abschneiden. Den Teigboden mehrmals mit einer Gabel einstechen. Den Tortenboden im auf 200° (Gas Stufe 3) vorgeheizten Backofen ca. 15 Minuten goldgelb backen. Dann herausnehmen und auskühlen lassen.
Von der Milch 4 Eßlöffel abnehmen und mit den Eigelb verquirlen. Dann in die übrige Milch rühren, das ausgeschabte Mark der Vanilleschote, die Schote selbst und den Zucker zufügen.
Speisestärke mit 2 bis 3 Eßlöffeln Sahne anrühren und auch in die Milch rühren. Die Milch unter ständigem Schlagen mit dem Schneebesen langsam bis kurz vor dem Kochen erhitzen. Die Creme vom Herd nehmen und die Vanilleschote entfernen. Creme im Eiswasserbad erkalten lassen.
Die restliche Sahne steifschlagen und unter die kalte Vanillecreme ziehen. In den Kühlschrank stellen.
Noch während die Creme abkühlt, die Äpfel waschen, abtrocknen und mit einem Ausstecher die Kerngehäuse entfernen. Dann die Äpfel in dicke Scheiben schneiden.
Zitronensaft, Weinbrand, Wasser und Gelierzucker in einem flachen Topf mischen. Die Apfelscheiben darin bei geringer Hitze im geschlossenen Topf halbgar dünsten. Die Scheiben mit einer Schaumkelle herausnehmen, abtropfen lassen und nebeneinander auf einer Porzellanplatte erkalten lassen.
Den Kochsaft zu einem dickflüssigen Sirup einkochen.
Vanillecreme auf den Tortenboden streichen und die Apfelscheiben nebeneinander in die Creme betten. In die Mitte jeder Scheibe eine Kirsche setzen und den Kuchen mit dem Apfelsirup überziehen. Die restlichen Kirschen getrennt dazu reichen.
Der Kuchen kann als Kaffeegebäck oder als Dessert gereicht werden.

Blätterteig-Obst-Körbchen

Blätterteig-Obst-Körbchen

6 Stück à ca. 2885 kJ (690 kcal)

2 Pckg. TK-Blätterteig von je 300 g, Mehl zum Ausrollen, 1 Ei, 150 g Aprikosenmarmelade, 4 cl Apricot Brandy oder Orangenlikör, 300 g Himbeeren, 200 g rote Johannisbeeren, 200 g Heidelbeeren, 150 g Brombeeren, 300 g Aprikosen, 125 g Zucker, ausgeschabtes Mark einer halben Vanilleschote.

Von den insgesamt 10 Blätterteigscheiben nur 9 nach Vorschrift auftauen, eine im Gefrierfach lassen. Drei Teigplatten auf der bemehlten Arbeitsfläche zu doppelter Größe ausrollen, quer halbieren, so daß wieder Rechtecke von der ursprünglichen Größe entstehen. Aus diesen Platten nun jeweils in der Mitte zwei Quadrate so ausschneiden, daß ein Mittelsteg entsteht. Die Quadrate in genau der Stegbreite entsprechend breite Streifen schneiden.

Die übrigen sechs Teigplatten auf der Arbeitsfläche ausbreiten.

Das Ei trennen. Die Teigplatten an den Rändern mit Eiweiß bestreichen und die Randstücke mit dem Steg vorsichtig daraufdrücken. Unter den Steg jeweils ein zusammengeknülltes Stück Alufolie legen, damit sich der Steg beim Backen auch wölbt. Die Stege ebenfalls mit Eiweiß bestreichen und die anderen Stücke daraufsetzen. Die Körbchen mit Eigelb bestreichen und in dem auf 200° (Gas Stufe 3) vorgeheizten Backofen 15 bis 20 Minuten backen.

In der Zwischenzeit die Aprikosenmarmelade leicht erwärmen, dann mit Apricot Brandy oder Orangenlikör verrühren und abkühlen lassen.

Die Früchte vorbereiten. Die Beeren verlesen, vorsichtig waschen, gut abtropfen lassen und auf eine dicke Lage Haushaltspapier legen. Vorsichtig trockentupfen. Johannisbeeren erst dann von den Rispen streifen.

Die Aprikosen mit kochendem Wasser überbrühen, häuten, halbieren oder vierteln, dabei entsteinen.

Den Zucker mit dem Vanillemark und etwa 2 Eßlöffeln Wasser in einem kleinen Töpfchen unter Rühren aufkochen, bis der Zucker sich ganz

gelöst hat. Den Zuckersirup dann etwas abkühlen lassen.
Johannisbeeren mit den Heidelbeeren, Aprikosen mit den Brombeeren und die Himbeeren jeweils getrennt in Schälchen geben und mit dem Zuckersirup begießen. Durchziehen und abkühlen lassen.
Die Körbchen aus dem Backofen nehmen, auf Kuchengitter setzen und abkühlen lassen. Die Alufolie entfernen. Wenn die Körbchen nur noch ganz schwach warm sind, innen mit der Aprikosenmarmelade bestreichen, dann das Obst einfüllen. Die Körbchen erst ganz abgekühlt servieren.
Dazu Schlagsahne reichen.
Tip: Die letzte Blätterteigplatte kann für kleine Fleurons als Suppengarnitur verwendet werden.

Zwetschenkuchen mit Marzipan

Insgesamt ca. 16160 kJ (3860 kcal)

250 g Mehl, 125 Zucker, Salz, 135 g Butter oder Margarine, abgeriebene Schale einer unbehandelten Zitrone, 1000 g Zwetschen, 2 Eiweiß, 50 g Puderzucker, 100 g Marzipanrohmasse, Mehl und Puderzucker zum Ausrollen, 2. Eßl. Pflaumenlikör (Armagnac), Puderzucker zum Bestreuen.

Auf dem Backbrett Mehl, Zucker und 1 Prise Salz vermischen. 125 g Butter oder Margarine in kleinen Stückchen darauf verteilen. Darüber die abgeriebene Zitronenschale streuen und nun alles sehr schnell zu einem glatten Teig verkneten. Mit einem Tuch oder etwas Folie abdecken und 1 Stunde in den Kühlschrank stellen.
Zwetschen waschen, trockentupfen und halbieren. Die Steine auslösen und die Fruchthälften noch einmal in Viertel teilen.
Eiweiß und Puderzucker zuerst mit einer Gabel in die Marzipanmasse einarbeiten, dann alles zu einer glatten Masse kneten.
Den Teig auf der bemehlten Arbeitsfläche zu einer runden Platte ausrollen. Ein Obstbackblech mit der restlichen Butter einfetten und mit dem Teig auslegen. Den Boden mehrmals mit einer Gabel einstechen. Die Marzipanmasse auf Puderzucker in der Größe des Tortenbodens ausrollen und auf den Teig legen. Die Zwetschen schuppenartig sehr dicht auf das Marzipan setzen.
Den Kuchen im vorgeheizten Backofen (220°, Gas Stufe 4) 25 bis 30 Minuten backen. Dann die noch warmen Zwetschen mit Armagnac beträufeln. Den Kuchen nach dem Erkalten mit etwas Puderzucker bestreuen.

Schwäbische Träublestorte

Insgesamt ca. 21410 kJ (5115 kcal)

200 g Butter oder Margarine, 225 g Zucker, abgeriebene Schale einer halben unbehandelten Zitrone, 300 g Mehl, 3 Eier, 1000 g rote Johannisbeeren (Träuble), 150 g Puderzucker, 50 g gemahlene Mandeln.

Butter oder Margarine, 80 g Zucker, Zitronenschale und Mehl in eine Schüssel geben.
Die Eier trennen. Eiweiß beiseite stellen. Eigelb auch in die Schüssel geben und alles mit den Knethaken des Handrührgeräts zu einem glatten Teig verarbeiten. Den Teig zugedeckt für mindestens 30 Minuten in den Kühlschrank stellen.
In der Zwischenzeit die Johannisbeeren waschen, gründlich abtropfen lassen, auf einer dicken Lage Haushaltspapier ausbreiten und abtupfen. Die Beeren dann von den Rispen streifen und mit 130 g Zucker vermischen.
Den Teig in eine ungefettete Springform oder Obstkuchenform drücken, dabei einen Rand formen. Den Teig mehrfach eindrücken und in dem auf 200° (Gas Stufe 3) vorgeheizten Backofen 15 Minuten vorbacken.
Nebenher das Eiweiß zu schnittfestem Schnee schlagen, dabei nach und nach Puderzucker zufügen. Zum Schluß die Mandeln unterziehen.
Die Johannisbeeren auf den Tortenboden verteilen. Darauf die Eischneemasse streichen.
Die Torte bei 180° (Gas Stufe 2) weitere 45 bis 50 Minuten backen. Wenn der Eischneebelag eben zu bräunen beginnt, den restlichen Zukker darüberstreuen. Die Torte dann noch etwa 10 Minuten weiterbacken, bis der Zucker geschmolzen ist.
Die Träublestorte etwas abkühlen lassen, dann aus der Form lösen und auf einem Kuchendraht ganz auskühlen lassen.
Dazu schmeckt außer Kaffee ein Gläschen Himbeergeist oder Johannisbeerlikör.

Ungebackene Birnentorte

Insgesamt ca. 18910 kJ (4515 kcal)

1000 g aromatische, feste Birnen, 1/8 l trockener Weißwein, 1 Päckchen Vanillezucker, 200 g Zwieback, 150 g Zucker, 80 g Butter, 250 g Doppelrahmfrischkäse, 400 g Quark, 1 unbehandelte Zitrone, 6 Blatt weiße Gelatine, 1 Becher süße Sahne (200 g).

Birnen schälen, vierteln, von Stengel- und Blütenansätzen sowie Kerngehäusen befreien. Mit dem Wein und dem Vanillezucker in einen flachen Topf geben und zugedeckt 5 Minuten dünsten. Dann abgießen und abkühlen lassen.

Den Zwieback zwischen zwei Blätter Pergamentpapier oder Alufolie legen und mit einem Nudelholz ganz fein zerbröseln. Zusammen mit 100 g Zucker und der Butter in einen Stieltopf geben und unter Rühren so lange erhitzen, bis der Zucker sich ganz aufgelöst hat und zu karamelisieren beginnt.

Eine Springform am Boden und am Rand mit Pergamentpapier auskleiden. Die heiße Teigmasse hineinfüllen. Dabei rasch arbeiten, weil karamelisierter Zucker sehr schnell fest wird. Den Teig abkühlen lassen.

Für die Füllung den Doppelrahmfrischkäse mit dem Quark und dem restlichen Zucker verrühren, dazu am besten die Rührstäbe des Handrührgeräts verwenden.

Die Zitrone unter fließendem lauwarmen Wasser abbürsten, abtrocknen und die Schale abreiben. Die Zitrone dann auspressen. Die Quarkmasse mit Zitronenschale und beliebig viel Zitronensaft abschmecken.

Die Gelatine zusammenrollen und in kaltem Wasser einweichen. Dann tropfnaß in ein Stieltöpfchen geben und auflösen. Gelatine in die Quarkcreme rühren und in den Kühlschrank stellen. Sobald sie eben beginnt „anzuziehen", die zuvor steifgeschlagene Sahne unterheben.

Die Masse auf den erkalteten Teigbogen geben und die Birnenviertel darauf anrichten. Die Birnenstücke leicht in die Quarksahne drücken.

Die Torte im Kühlschrank in 3 bis 4 Stunden fest werden lassen. Dann aus der Form lösen.

Die Torte kann als Nachmittagsgebäck oder als Dessert gereicht werden.

Obst-Tartes

(Grundteig)

Insgesamt ca. 8550 kJ (2045 kcal)

200 g Mehl, 150 g gut gekühlte Butter oder Margarine, 1 Päckchen Vanillezucker, 1 Prise Salz, 1 Eigelb, 2 Eßl. Eiswasser, Mehl zum Ausrollen, Trockenerbsen zum Blindbacken.

Das Mehl bergartig auf die Arbeitsfläche geben, in die Mitte eine Mulde drücken.

Butter oder Margarine in Würfel schneiden und auf dem Mehlrand verteilen. Vanillezucker, Salz und Eigelb in die Mulde geben und das Eiswasser zufügen. Alles mit einem großen Messer oder einer Palette von außen nach innen zusammenhacken, dann mit kühlen Händen rasch zu einem geschmeidigen Teig kneten, zu einer Kugel formen und mit Folie bedeckt gut 30 Minuten in den Kühlschrank legen.

Den Teig auf der bemehlten Arbeitsfläche in einem Durchmesser von ca. 34 cm ausrollen (oder je nach Backform in ein Rechteck ausrollen, dann jedoch auch größer als die Form). Den Teig in eine Tarte-Form von ca. 30 cm Durchmesser legen, am Rand festdrücken und mit einer Gabel einige Male einstechen. Eine dicke Schicht von Trockenerbsen auf dem Teigboden verteilen. Sie verhindern, daß der Teig sich während des Backens hebt.

Die Form in den auf 200° (Gas Stufe 3) vorgeheizten Backofen schieben und den Boden 10 bis 15 Minuten vorbacken. Dann erst mit beliebigen Früchten belegen und zu Ende backen.

Mirabellen-Tarte

Zusätzlich zum Grundteig
ca. 4845 kJ (1155 kcal)

750 g vollreife Mirabellen, 50 g Zucker, abgeriebene Schale einer halben unbehandelten Zitrone, 75 g blättrig geschnittene Mandeln.

Mirabellen waschen, abtrocknen und entsteinen. Auf den vorgebackenen Teig geben. Mit Zucker, Zitronenschale und Mandelblättchen bestreuen und weitere 30 Minuten backen.

Die Tarte warm mit Vanillesoße oder Vanilleeiskrem reichen.

Brombeer-Aprikosen-Tarte

Zusätzlich zum Grundteig
ca. 3740 kJ (895 kcal)

250 g Gartenbrombeeren, 650 g reife, aber feste Aprikosen, 75 g Zucker, 1 Päckchen Vanillezucker, 4 cl Aprikosengeist.

Brombeeren verlesen, vorsichtig waschen, abtropfen lassen, auf Haushaltspapier ausbreiten und trockentupfen.

Die Aprikosen ebenfalls waschen, abtrocknen, halbieren und entsteinen. Beide Fruchtsorten auf den vorgebackenen Teig legen. Mit Zucker und Vanillezucker bestreuen und noch 25 Minuten backen. Dann mit dem Aprikosengeist beträufeln und warm oder kalt servieren.

Dazu halbsteifgeschlagene, ungesüßte Sahne reichen.

Variation: Statt Aprikosen die Tarte mit Mirabellen und Brombeeren belegen.

Hinweis: Den Teig kann man auch in kleine Törtchenformen (Tartelett) geben und in Einzelportionen bereiten.

Zwetschen-Tarte

Zusätzlich zum Grundteig
ca. 4075 kJ (975 kcal)

1000 g Spätzwetschen, 100 g Zucker, 1/2 Teel. gemahlener Zimt, 1 Prise gemahlene Nelken.

Zwetschen waschen, abtrocknen, an den Nahtstellen aufschneiden und entsteinen. Dann von außen nach innen sehr dicht auf den vorgebakkenen Teig setzen.

Zucker mit Zimt und Nelken mischen und darüberstreuen.

Die Tarte noch weitere 35 Minuten backen, bis die Zwetschen weich sind.

Warm oder kalt mit Schlagsahne oder Crème fraîche servieren.

Hinweis: Für Tartes eignen sich außerdem Pfirsiche, Birnen, Nektarinen, Reineclauden und Kirschen besonders gut.

Schokoladentorte mit Kakis

Schokoladentorte mit Kakis

Insgesamt ca. 26820 kJ (6405 kcal)

6 Eigelb, 6 Eßl. Wasser, 180 g Zucker, 1 Päckchen Vanillezucker, abgeriebene Schale einer halben unbehandelten Zitrone, 6 Eiweiß, 1 Prise Salz, 1/2 Teel. Zitronensaft, 250 g Mehl, 1/2 l Milch, 1 Vanilleschote, 50 g Speisestärke, 100 g Zartbitterschokolade, 200 g Butter, 50 g Puderzucker, 1 Eßl. Kakao, 4 reife Sharon-Kakis (siehe auch Seite 136–141), 100 g Mandelblättchen, 1/8 l süße Sahne, 1 Teel. Sahnesteifmittel.

Eigelb mit Wasser in einer Schüssel schaumig schlagen, dabei nach und nach 150 g Zucker, Vanillezucker und Zitronenschale unterrühren.
Das Eiweiß mit Salz und Zitronensaft zu schnittfestem Schnee schlagen. Auf die Eigelbcreme gleiten lassen. Das Mehl darübersieben und alles locker, aber gründlich mischen.
Eine Springform von 26 cm Durchmesser mit Backpapier auskleiden. Den Teig einfüllen und in dem auf 180° (Gas Stufe 2) vorgeheizten Backofen 50 bis 60 Minuten backen. Aus der Form lösen und zum Abkühlen auf einen Kuchendraht stürzen (am besten den Tortenboden über Nacht abkühlen lassen).
Für die Füllung die Milch mit der aufgeschnittenen und ausgeschabten Vanilleschote und dem Vanillemark aufkochen.
Die Speisestärke mit dem restlichen Zucker und etwas Wasser glattrühren, in die heiße Milch rühren und alles noch einmal aufkochen lassen. Den Flammeri im Wasserbad abkühlen lassen, dabei häufig umrühren, damit sich an der Oberfläche keine Haut bildet.
Schokolade in eine Schüssel geben und im lauwarmem Wasserbad schmelzen lassen.
Die auf Zimmertemperatur erwärmte Butter mit dem Puderzucker schaumig rühren. Zuerst löffelweise den Vanilleflammeri, dann teelöffelweise die Schokolade und zum Schluß den Kakao unterrühren.
Die Sharon-Kakis waschen. Mit einem scharfen Messer die Stengelansätze herausschneiden. 2 Kakis dünn schälen und im Mixer pürieren. Das Püree auch unter die Buttercreme ziehen.
Den Tortenboden mit einem scharfen Messer in 3 Scheiben schneiden und jede mit etwa 1/4 der Buttercreme bestreichen. Dann übereinandersetzen. Den Tortenrand mit der restlichen Creme bestreichen und mit den Mandelblättchen garnieren.
Die Sahne mit dem Sahnesteifmittel vermischen und steifschlagen. In einen Spritzbeutel mit Sterntülle füllen.
Die beiden restlichen Kakis in je 8 Scheiben schneiden. Jede Scheibe bis zur Mitte einschneiden.
Auf der Torte 16 Stücke markieren. Jedes Stück mit einer Kakischeibe garnieren und einen Sahnetupfen danebenspritzen. Die Torte bis zum Servieren kühl stellen.

Pflaumen-Käse-Torte

Insgesamt ca. 10975 kJ (2620 kcal)

750 g Sahnequark, 30 g Speisestärke, 1/8 l Milch, 100 g Zucker, ausgeschabtes Mark einer halben Vanilleschote, 1 unbehandelte Zitrone, 3 Eier, 1 Prise Salz, 500 g blaue Pflaumen oder Zwetschen, 2 Eßl. Puderzucker.

Den Sahnequark in einem sauberen Küchentuch kräftig ausdrücken.
Die Speisestärke in der Milch glattrühren, zusammen mit dem Zucker und dem Vanillemark mit dem Schneebesen oder den Rührstäben des Handrührgerätes unter den Quark mischen.
Die Zitrone unter fließendem, lauwarmem Wasser abbürsten, abtrocknen und die Schale abreiben. Die Zitrone dann auspressen. Schale und Saft zu der Quarkmischung geben.
Die Eier trennen. Eigelb mit dem Quark mischen. Eiweiß mit Salz zu steifem Schnee schlagen und ebenfalls unter die Quarkmasse heben.
Die Pflaumen waschen, abtropfen lassen und in einem Küchentuch trockenreiben. Dann halbieren, entsteinen und die Hälften längs noch einmal durchschneiden.
Eine Springform von 26 cm Durchmesser am Boden mit einem genau zugeschnittenen Stück Backpapier auslegen. Auch für den Rand einen Backpapierstreifen zuschneiden und in die Form geben. Gut 2/3 der Quarkteigmasse einfüllen, darauf die Pflaumen verteilen und mit dem restlichen Teig bedecken. Die Torte in dem auf 180° (Gas Stufe 2) vorgeheizten Backofen 55 bis 60 Minuten backen, noch warm mit Puderzucker bestäuben, etwas abkühlen lassen, aus der Form lösen und auf einem Kuchendraht erkalten lassen.

Kirschstrudel

Insgesamt ca. 15925 kJ (3805 kcal)

250 g Mehl, 1 Ei, 3 Teel. Öl, Salz, 1 Teel. Zitronensaft, knapp 1/8 l lauwarmes Wasser, 750 g Sauerkirschen, 90 g Butter oder Margarine, 100 g Semmelbrösel, abgeriebene Schale einer unbehandelten Zitrone, 75 g geriebene Mandeln oder Haselnüsse, 150 g Zucker, Mehl zum Ausrollen, 2 Eßl. Kondensmilch, Puderzucker zum Bestäuben.

Mehl, Ei, 2 Teelöffel Öl, Salz und Zitronensaft auf dem Backbrett vermengen. Nach und nach das Wasser zugeben und einen geschmeidigen Teig kneten, zu einer Kugel formen und ringsherum mit dem restlichen Öl bestreichen.
Eine Porzellanschüssel mit heißem Wasser anwärmen, abtrocknen und über die Teigkugel stülpen. Den Teig 30 Minuten darunter ruhen lassen.
Die Kirschen waschen, die Stiele entfernen und die Früchte entkernen.
75 g Butter oder Margarine in einer Pfanne zerlaufen lassen, die Semmelbrösel einstreuen und unter ständigem Rühren goldgelb rösten. Dann mit Zitronenschale, Mandeln oder Haselnüssen und Zucker mischen.
Ein großes, sauberes Küchentuch oder ein kleines Tischtuch auf dem Tisch ausbreiten und hauchdünn mit Mehl bestäuben. Den Strudelteig darauf gleichmäßig zu einer dünnen runden Platte ausrollen. Dann beide Handrücken unter den Teig schieben, hochheben und den Teig unter ständigem Bewegen der Hände sehr dünn ausziehen. Die Teigplatte wieder auf das Tuch legen und die Brösel-Mandel-Mischung daraufstreuen. Dabei einen Rand von ca. 6 cm Breite frei lassen. Nun die Kirschen auf die Brösel legen.
Das Tuch an einer Längsseite anheben und den Teig mit Hilfe des Tuches locker zusammenrollen. Dann die offenen Enden des Strudels nach unten umschlagen.
Ein Backblech mit der restlichen Butter einfetten, Strudel darauflegen und mit der Kondensmilch bestreichen. In dem auf 200° (Gas Stufe 3) vorgeheizten Backofen etwa 30 Minuten backen. Den Strudel etwas abkühlen lassen, dann mit Puderzucker bestäuben.
Der Strudel kann warm mit Vanillesoße oder kalt mit Schlagsahne gegessen werden.
Ebenso kann man **Apfelstrudel** (zusätzlich noch mit Rosinen) oder **Zwetschenstrudel** (mit etwas Zimt gewürzt) bereiten.

Feine Traubentorte

Insgesamt ca. 16900 kJ (4035 kcal)

250 g Mehl, 150 g Butter oder Margarine, 150 g Zucker, 1 Eigelb, 1 Prise Salz, Mehl zum Ausrollen, 1/2 l Milch, 1 Vanilleschote, 4 Blatt weiße Gelatine, 4 Eier, je 400 g blaue und grüne Trauben.

Das Mehl in eine Schüssel sieben. Die weiche Butter oder Margarine in Flöckchen dazugeben, ebenso 75 g Zucker, das Eigelb und das Salz. Alles mit den Knethaken des Handrührgeräts zu einem glatten Teig verarbeiten. Den Teig zur Kugel formen, in Folie wickeln und für mindestens 1 Stunde in den Kühlschrank legen.
Den Teig auf der bemehlten Arbeitsfläche im Durchmesser von 30 cm rund ausrollen, in eine Tarte-Form von 26 cm Durchmesser legen und dabei einen Rand hochdrücken. Den Boden in dem auf 220° (Gas Stufe 4) vorgeheizten Backofen etwa 30 Minuten backen. Dann abkühlen lassen.
Nebenher die Creme zubereiten. Dazu die Milch mit der aufgeschlitzten Vanilleschote

langsam zum Kochen bringen. Vom Herd nehmen und 10 Minuten ziehen lassen.
Die zusammengerollte Gelatine in kaltem Wasser einweichen.
Die Eier mit dem restlichen Zucker in einem großen Topf schaumig schlagen. Die Milch noch mal bis kurz vorm Kochen erhitzen, dann die Vanilleschote herausnehmen. Die heiße Milch in einem dünnen Strahl in die Eimasse einlaufen lassen. Dabei stets kräftig mit dem Schneebesen oder den Rührstäben des Handrührgeräts schlagen.
Den Topf auf die mäßig heiße Herdplatte stellen und so lange weiterschlagen, bis eine dickcremige Masse entstanden ist. Topf vom Herd nehmen, die Creme langsam kaltschlagen.
Die Gelatine tropfnaß in ein Stieltöpfchen geben und auflösen, dann auch in die Creme geben. Die Creme abkühlen lassen. Wenn sie eben beginnt fest zu werden, dann die Creme auf den abgekühlten Tortenboden streichen.
Die Weintrauben waschen, in einem Küchentuch vorsichtig trockentupfen und die Beeren von den Stielen zupfen. Die Beeren in abwechselnd dunklen und hellen Reihen kreisförmig in die Creme drücken.
Die Torte vor dem Servieren mit Folie abgedeckt für 2 bis 3 Stunden in den Kühlschrank stellen.

Heidelbeertorte

Insgesamt ca. 18110 kJ (4325 kcal)

4 Eier, 175 g Zucker, 4 Eßl. warmes Wasser, Salz, 75 g Mehl, 1 gestr. Teel. Backpulver, 1 gehäufter Teel. Zimt, 100 g gemahlene Haselnüsse, Backpapier für 3 Bleche, 500 g Heidelbeeren (Blaubeeren), 3 Becher süße Sahne von je 200 g, 3 Pckg. Sahnesteifpulver, 3 Pckg. Vanillezucker.

Die Eier trennen. Mit dem Schneebesen oder den Rührstäben des Handrührgeräts Eigelb und 100 g Zucker schaumig schlagen. Das Wasser löffelweise zufügen und so lange schlagen, bis die Masse dickschaumig ist.
Eiweiß mit 1 Prise Salz zu steifem Schnee schlagen und auf die Eigelbcreme geben. Mehl, Backpulver und Zimt auf den Eischnee sieben und alles locker, aber gründlich vermengen. Zum Schluß die gemahlenen Haselnüsse unter die Masse heben.
3 Kuchen- oder Obsttortenbleche mit Backpapier belegen. Auf jedes Papier einen Kreis mit einem Durchmesser von 24 cm zeichnen. Je ⅓ der Teigmasse auf die Kreise streichen.
Die Teigböden nacheinander in dem auf 220° (Gas Stufe 4) vorgeheizten Backofen in jeweils 10 Minuten goldgelb backen. Dann auf einem Kuchengitter abkühlen lassen.
In der Zwischenzeit die Heidelbeeren verlesen, gut waschen und sehr gründlich abtropfen lassen.
Die Sahne mit dem restlichen Zucker, Sahnesteif und Vanillezucker steifschlagen. Je ⅓ der Sahnemenge auf je 1 Tortenboden streichen. Nun die Heidelbeeren auf die 3 Böden verteilen und die einzelnen Kuchenplatten behutsam aufeinandersetzen. Die Torte vor dem Servieren ca. 1 Stunde in den Kühlschrank stellen.
Hinweis: Wer einen Heißluftherd hat, kann natürlich alle Böden auf einmal backen. Bitte Temperaturen beachten, die Backzeit verlängert sich um 2 bis 3 Minuten.

Heidelbeertorte

Streuselkuchen mit Pfirsichen

Insgesamt ca. 39315 kJ (9390 kcal)

375 g Butter oder Margarine, 150 g grob gehackte Mandeln, 625 g Mehl, 450 g Zucker, ausgeschabtes Mark einer Vanilleschote, 2000 g reife, aber feste Pfirsiche, 5 Eier, 1 Prise Salz, abgeriebene Schale einer unbehandelten Zitrone, 3 cl Kirschwasser, Puderzucker zum Bestäuben.

Für die Streusel 125 g Butter in einer Pfanne erhitzen, die Mandeln zufügen und unter Rühren goldgelb rösten. Mit 125 g Mehl bestäuben, das Mehl unterrühren, hell anschwitzen, jedoch nicht bräunen lassen. Die Mischung in eine Schüssel geben und rasch mit 200 g Zucker und dem Vanillemark verrühren. Zu Streuseln zerbröseln und kalt stellen.
Pfirsiche mit kochendem Wasser überbrühen, häuten, halbieren, entsteinen und in Viertel schneiden.
Die Fettpfanne des Backofens oder ein Backblech mit einem Teil der restlichen Butter oder Margarine einfetten.
Das übrige Fett mit dem restlichen Zucker schaumig rühren. Nach und nach Eier, Salz und Zitronenschale zufügen. So lange weiterrühren, bis der Zucker sich ganz aufgelöst hat. Dann das restliche Mehl darübersieben und locker, aber gründlich unterziehen. Zum Schluß das Kirschwasser in den Teig rühren.
Den Teig in die gefettete Form geben. Die Pfirsichviertel dicht an dicht auf den Teig setzen und leicht hineindrücken. Die Streusel zwischen 3 Fingern zerbröseln und über die Pfirsiche geben.
Den Kuchen in dem auf 180° (Gas Stufe 2) vorgeheizten Backofen 60 Minuten backen. Auf dem Blech abkühlen lassen, dann mit Puderzucker bestäuben und in Stücke schneiden. Dazu gut gekühlte Schlagsahne reichen.

Tip: Wenn Sie für diesen Kuchen das Backblech verwenden, müssen Sie an das offene Ende ein mehrfach gefalztes Stück Alufolie legen. Der Teig ist sehr flüssig und würde sonst vom Blech laufen. Darum ist die Fettpfanne besonders gut geeignet. Sie können den Kuchen aber auch in halber Menge in einer Tarte- oder Obstkuchenform bereiten. Bei einer Tarte-Form darf es sich jedoch nicht um eine mit herausnehmbarem Boden handeln.

Stachelbeerkuchen

Insgesamt ca. 15775 kJ (3770 kcal)

250 g Mehl, abgeriebene Schale einer unbehandelten Zitrone, 125 g Butter, 200 g Zucker, 1 Ei, Butter oder Margarine zum Einfetten, Mehl zum Ausrollen, 200 g Aprikosenmarmelade, 750 g Stachelbeeren, 1 kräftige Prise gemahlener Zimt, 1 Eigelb, 1 Eßl. Kondensmilch.

Mehl und Zitronenschale in einer hohen Schüssel mischen. Die weiche Butter in Flöckchen zufügen, 100 g Zucker und das Ei auch in die Schüssel geben. Alles mit den Knethaken des Handrührgeräts zu einem festen, glatten Teig verarbeiten. Den Teig zu einer Kugel formen und mit Folie bedeckt mindestens 30 Minuten in den Kühlschrank stellen.
Eine Kuchenform von 26 cm Durchmesser mit Butter oder Margarine einfetten.
Etwa zwei Drittel der Teigmenge auf der bemehlten Arbeitsfläche rund ausrollen. Den Teig in die Form legen und einen Rand hochdrücken. Den Boden mit der Aprikosenmarmelade bestreichen.
Die zuvor gewaschenen, abgetropften, von Blüten- und Stengelansätzen befreiten Stachelbeeren auf dem Teig verteilen. Mit dem restlichen Zucker bestreuen.
Aus dem Teigrest mit bemehlten Händen 6 oder 8 dünne Rollen formen und gitterartig auf den Kuchen legen.
Das Eigelb mit der Kondensmilch verquirlen und das Teiggitter damit einstreichen. Den Kuchen in dem auf 200° (Gas Stufe 3) vorgeheizten Backofen etwa 40 Minuten backen. In der Form erkalten lassen.
Dazu nach Belieben mit Vanillezucker gesüßte Schlagsahne oder Vanilleeiskrem servieren.

Hippentorte mit Ananassahne

Insgesamt ca. 15800 kJ (3775 kcal)

200 g Marzipan-Rohmasse, 4 Eiweiß, 8 Eßl. Milch, 120 g Puderzucker, 60 g Mehl, je 1 Prise gemahlener Zimt und gemahlene Nelken, 1 kleine frische Ananas, 2 Becher süße Sahne von je 200 g, 4 Eßl. Sahnesteifmittel, 2 cl Orangen- oder Zitronenlikör, 50 g gehackte Pistazienkerne, einige frische Erdbeeren oder 1 Kiwi zum Garnieren.

Die Marzipan-Rohmasse durch ein Sieb streichen, mit Eiweiß und Milch vermengen. Puderzucker und Mehl darübersieben. Zimt und Nelken zufügen und alles in der Küchenmaschine oder mit den Knethaken des Handrührgeräts zu einem festen, glatten Teig kneten. Den Teig in 8 gleichgroße Teile schneiden, zu Kugeln formen und diese etwas flachdrücken. Daraus im ungefetteten Waffeleisen oder in der Crêpes-Pfanne nacheinander 8 dünne „Hippen" backen. Sie müssen eine leicht bräunliche Farbe haben. Die „Hippen" nebeneinander auf einem Kuchengitter abkühlen lassen.

Für die Füllung die Ananas von der Blattkrone und dem Stengelansatz befreien. Dann großzügig schälen und die „Augen" mit einem spitzen Messer heraustrennen. Das Fruchtfleisch in dünne Streifen schneiden, dabei den harten Innenteil entfernen. Das Fruchtfleisch dann in dünne Stifte teilen und die Hälfte davon im Mixer pürieren.

Die Sahne mit dem Sahnesteifmittel sehr steif schlagen. Gut zwei Drittel der Sahne mit dem Ananaspüree und dem Likör vermischen und 6 Teigplatten damit bestreichen. Jeweils 3 übereinandersetzen und mit je einer der beiden nicht bestrichenen Teigplatten bedecken.

Die restliche Sahne in einen Spritzbeutel mit Sterntülle füllen und die Hippentorte mit einem dicken Sahnetupfen und kleinen Sahnesternen verzieren. Die Sahne mit den Pistazienkernen bestreuen. Die Torte mit den restlichen Ananasstücken und Erdbeeren oder Kiwischeiben garnieren.

Diese Torte kann sowohl als Kaffeegebäck als auch zum Dessert gereicht werden.

Orangenkuchen „California"

Orangenkuchen „California"

Insgesamt ca. 15805 kJ (3775 kcal)

100 g Butter, 200 g Zucker, ausgeschabtes Mark einer halben Vanilleschote, 5 Eier, abgeriebene Schale und Saft einer unbehandelten Zitrone, Salz, 2 gestrichene Teel. Backpulver, 200 g Mehl, ca. ⅛ l Milch, Butter oder Margarine zum Einfetten, 6 Blatt weiße Gelatine, ½ l trockener Weißwein, ½ l frisch gepreßter Orangensaft, 2 unbehandelte Orangen, 1–2 Eßl. heller Honig, Belegkirschen zum Verzieren.

Die Butter mit 100 g Zucker und dem Vanillemark schaumig rühren.
3 Eier trennen. Eiweiß kühl stellen, Eigelb nacheinander einzeln in die Butter-Zucker-Creme rühren. Die abgeriebene Schale und den Saft der Zitrone zugeben.
1 Prise Salz mit Backpulver und Mehl mischen. Dann Mehl und Milch abwechselnd an den Teig geben und so lange rühren, bis der Teig völlig glatt, aber nicht dünnflüssig ist.
Von einer Springform (22 cm Durchmesser) oder von einer Carréeform den Boden ausfetten. Den Rührteig einfüllen und in dem auf 200° (Gas Stufe 3) vorgeheizten Backofen in 25 Minuten goldgelb backen. Nach dem Backen den Kuchen herausnehmen und 10 Minuten abkühlen lassen. Dann aus der Form lösen und auf ein Kuchengitter setzen.
Die Gelatine zusammengerollt 10 Minuten in kaltem Wasser einweichen.
Die anderen beiden Eier trennen. Eigelb mit 75 g Zucker schaumig rühren, nach und nach Wein und Orangensaft unterrühren.
Die Gelatine ausdrücken und in sehr wenig heißem Wasser auflösen. Etwas abkühlen lassen und unter die Orangen-Eigelbcreme rühren. Die Creme kühl stellen.
Eiweiß von allen 5 Eiern mit dem restlichen Zucker zu steifem Schnee schlagen. Sobald die Creme zu gelieren beginnt, den Eischnee mit einem Schneebesen behutsam darunterziehen. Die Creme noch etwa 10 Minuten kühl stellen, dann auf den Kuchen streichen. Den Kuchen bis kurz vor dem Servieren kalt stellen.
Dann die Orangen unter lauwarmem Wasser abbürsten, abtrocknen und mit der Schale in hauchdünne Scheiben schneiden, wenn nötig entkernen. Den Kuchen ganz mit den Orangenscheiben bedecken.
Den Honig ein wenig erwärmen und dünn auf die Früchte träufeln. Den Kuchen mit Belegkirschen verzieren.

Aprikosen-Streuselkuchen

Insgesamt ca. 33820 kJ (8080 kcal)

800 g Mehl, 1 Würfel Hefe (42 g), 175 g Zucker, 350 g Butter, ¼ l Milch, Mehl zum Bestäuben und Ausrollen, 2000 g reife Aprikosen, 2 Teel. gemahlener Zimt, 1 kräftige Prise gemahlene Nelken, 100 g Zwieback, Butter oder Margarine zum Einfetten, Puderzucker zum Bestäuben.

Von dem Mehl 500 g in eine Schüssel sieben, in die Mitte eine Mulde drücken und die Hefe hineinbröseln. 60 g Zucker und 150 g weiche Butter auf dem Rand verteilen.
Die Milch leicht erwärmen und über die Hefe gießen. Hefe in der Milch auflösen, dann mit den Knethaken des Handrührgeräts alle Zutaten von innen nach außen zu einem glatten Teig verkne-

ten. Den Teig mit bemehlten Händen zu einer Kugel formen, dünn mit Mehl bestäuben und mit einem Küchentuch bedeckt bei Zimmertemperatur 40 Minuten gehen lassen. Dann sollte der Teig das doppelte Volumen haben.
In der Zwischenzeit die Aprikosen waschen, abtropfen lassen, an den „Nahtstellen" aufschneiden und entkernen.
Die restliche Butter mit dem übrigen Zucker, dem Zimt, den Nelken und dem Rest Mehl in eine Schüssel geben und mit bemehlten Händen zu groben Streuseln vermengen. Die Schüssel in den Kühlschrank stellen.
Zwieback zwischen zwei Blätter Pergamentpapier legen oder in einen Gefrierbeutel geben und mit dem Nudelholz fein zerbröseln.
Ein Backblech oder die Fettpfanne des Backofens mit Butter oder Margarine einfetten. Den Hefeteig auf der bemehlten Arbeitsfläche in der entsprechenden Größe ausrollen und den Teig auf das Blech oder in die Fettpfanne legen. Die Zwiebackbrösel darauf verteilen. Die Aprikosen dachziegelartig darauflegen. Die Streusel gleichmäßig darüber verteilen.
Den Kuchen in dem auf 200° (Gas Stufe 3) vorgeheizten Backofen 40 bis 45 Minuten bakken. Vorsichtig auf einen Bratrost gleiten und abkühlen lassen. Dann mit Puderzucker bestäuben.
Mit dem gleichen Teig können sie **Blaubeer-Streuselkuchen, Kirsch-Streuselkuchen, Pflaumen-Streuselkuchen** und **Apfel-Streuselkuchen** bereiten. Den Kirschkuchen kann man zusätzlich mit einigen blättrig geschnittenen Mandeln, den Apfelkuchen mit Rosinen belegen.

Erdbeer-Käse-Torte

Insgesamt ca. 18 920 kJ (4 520 kcal)

200 g Zwiebäcke, 100 g geriebene Mandeln,
75 g Butter oder Margarine,
200 g Doppelrahmfrischkäse,
4 Eßl. Zitronensaft, 4 Eßl. Orangensaft,
150 g Zucker, 2 Päckchen Vanillezucker,
3 Blätter weiße Gelatine, ¼ l süße Sahne,
750 g Erdbeeren,
Butter oder Margarine zum Einfetten,
50 g gehackte Mandeln.

Zwiebäcke in eine Plastiktüte geben und mit dem Nudelholz zu feinen Bröseln zerdrücken. Mit den Mandeln in einer Schüssel mischen. Butter oder Margarine schmelzen lassen und in einem dünnen Strahl unter ständigem Rühren in die Brösel-Mandel-Mischung einlaufen lassen.
Den Boden einer Springform von 26 cm Durchmesser mit Backpapier auslegen und die Mischung als Boden hineindrücken. Kalt stellen.
Den Doppelrahmfrischkäse im Mixer oder mit den Rührstäben des Handrührgeräts mit Orangensaft, Zitronensaft, Zucker und einem Päckchen Vanillezucker zu einer glatten Masse verrühren. In eine Schüssel geben.
Die Gelatine kalt einweichen, tropfnaß in ein Töpfchen geben und bei milder Hitze auflösen. Löffelweise unter die Käsecreme rühren. Wenn die Creme eben anzuziehen beginnt, die Sahne steifschlagen, dabei den restlichen Vanillezukker zufügen. Die Sahne mit der Käsecreme vermischen.
Die Erdbeeren waschen, trockentupfen, entstielen und je nach Größe halbieren oder vierteln.
Den Springformrand dünn mit Butter oder Margarine einfetten und mit einem Pergamentpapierstreifen auskleiden. Die Hälfte der Käse-Sahnecreme auf den Boden streichen, darauf die Erdbeeren geben und mit der restlichen Creme bedecken. Die Oberfläche glattstreichen. Die Torte bis zum Servieren, mindestens jedoch 3 Stunden, in den Kühlschrank stellen.
Die Mandeln in einer beschichteten Pfanne unter Rühren goldbraun rösten, dann abkühlen lassen.
Eine etwa 4 cm breite Schablone in den Außenmaßen der Torte zuschneiden.
Die Torte vorsichtig aus der Springform lösen und auf eine Platte setzen. Die Schablone auflegen und die Tortenmitte mit den Mandeln bestreuen. Die Schablone entfernen und die Torte rasch servieren.
Ebenso kann man auch **Kirsch-Käse-Torte** mit sehr saftigen Süßkirschen, **Heidelbeer-Käse-Torte** oder **Kiwi-Käse-Torte** zubereiten.

Vielfalt einhe

Unsere Kost wäre ohne Obst nur halb so gesund und unser Speisezettel ärmer. Viele Arten, die wir heute als ,,typische“ Früchte unserer Heimat betrachten, fanden erst auf langen Umwegen aus dem sonnigen Süden hierher, andere hingegen konnten sich nur im mitteleuropäischen Klima entfalten. Köstlich sind sie jedoch alle!

Pflaume

Zur großen Pflaumenfamilie gehören rund 2000 Sorten, die – jahrhundertelang immer wieder gekreuzt – zum Teil nur schwer voneinander zu unterscheiden sind. Vor allem, wenn sie eine blaue Haut haben. Rein äußerlich unterscheiden sich durch die ,,Hautfarbe“ die gelbe Eierpflaume, die meist grüne

Reineclaude, die gelbgrüne bis gelbrot gesprenkelte Mirabelle (siehe Seite 135) und die große rote Tafelpflaume. Aber schon die Unterscheidung zwischen blauen Pflaumen und Zwetschen (siehe Seite 134) wird schwierig.

Verwendung:
Einige Pflaumensorten können nur als Tafelobst verwendet werden, andere wiederum ergeben köstliche Konfitüren, Mus, Kompott, Obstbranntdestillate, Säfte und Most.
Wer Pflaumen, gleich welcher Sorte, jedoch kochen will, sollte stets nur späte, vollreife Früchte verwenden. Sie brauchen weniger Zuckerzusatz.

Birne

Die Birne, die heute mit rund 1500 verschiedenen Sorten die Erde ,,bevölkert“, stammt aus Westasien, wo sie insbesondere in Persien kultiviert wurde. Birnen sind fast das ganze Jahr über aus dem einheimischen Anbau zu haben, kurzfristige jahreszeitliche Engpässe (Frühjahr und Frühsommer) werden durch Importe ausgeglichen. Während der Zuckergehalt der Birne genau dem des Apfels, nämlich 10 bis 14 %, entspricht, hat sie nur halb soviel Säure (0,72 %), sie gehört überhaupt zu den säureärmsten Früchten, die wir kennen. Mehr als jede andere Frucht aber enthält die Birne das Wachstums-Vitamin B_2 und ist reich an Kalium, Kalzium, Phosphor und Eisen. Birnen sind ein idealer Schlankmacher, weil sie dank des hohen Kaliüberschusses entwässern und den Abbau von überflüssigem Körperfett fördern. Verwendung: Roh, gedünstet als Beilage oder gekocht zu Kompott, Marmelade, Gelee, Saft, Obstwein, Likör.

nischer Früchte

Aprikose

Die orangegelbe, samthäutige ,,Frucht der Sonne" stammt aus China. Heute wird der Aprikosenbaum in allen sonnenreichen Gebieten angepflanzt, in denen ein den mediterranen Temperaturen entsprechendes Klima zu finden ist. Die mit den Pflaumen verwandten Früchte haben ein saftiges, aromatisches Fruchtfleisch und sind reich an Vitaminen und Mineralstoffen. Verwendung: Frisch als Tafelobst, gekocht zu Marmelade, Gelee, Likör, Dessertspeisen, Kompott und feinem Gebäck.

Apfel

Der Apfel gehört zum ältesten Kulturobst, das wir kennen. Seine guten Eigenschaften haben ihn seit Jahrhunderten in ganz Europa zu einer Art Volksnahrungsmittel werden lassen: Rund 20 Vitamine und Mineralstoffe vereinigt er unter seiner dünnen Schale, von denen auch bei längerer, sachgemäßer Lagerung nur wenige verlorengehen. Äpfel der verschiedensten Sorten, die alle Geschmacksrichtungen berücksichtigen, gibt es rund ums Jahr aus einheimischen, europäischen und überseeischen Anbaugebieten.
Die Verwendung ist so vielseitig wie bei keinem anderen Obst: Äpfel können roh gegessen werden, heiß oder kalt, gefüllt, gebacken, gebraten, gekocht, als Kompott, Gelee und werden außerdem zur Herstellung von Branntwein und Apfelwein verwendet.

Quitte

Quitten sind Früchte für Liebhaber und Kenner. Der über den heimischen Anbau hinausgehende Bedarf dieser Früchte, die birnen- oder apfelförmig, zitronen- bis goldgelb sind, wird vor allem mit Lieferungen aus dem Mittelmeergebiet gedeckt. Quitten schmecken gekocht herb-säuerlich und sind reich an Vitaminen und Mineralstoffen. Roh sind sie ungenießbar. Verwendung: Quitten werden aufgrund ihres hohen Pektingehalts vor allem zu Gelee und Marmelade verarbeitet, zu Quittenbrot, -paste, -likör und Fruchtschnitten.

Himbeere

Die Himbeere, eine sogenannte Scheinfrucht, setzt sich aus vielen kleinen Steinfrüchtchen zusammen. Wildwachsend ist der Himbeerstrauch in allen gemäßigten Klimazonen beheimatet, in Gärten wird er kultiviert. Die roten Früchte sind süß und aromatisch und reich an Vitaminen, Mineralstoffen und Fruchtsäuren. Verwendung: Frisch mit Zucker und Sahne, zu Dessertspeisen, als Kuchenbelag, gekocht als Marmelade, Gelee, Kompott und Saft. Doch nur die nicht vergorenen, sondern roh mit Alkohol vermischten und destillierten wilden Waldhimbeeren ergeben den köstlichen Himbeergeist.

Gartenerdbeere

Durch eine wohl eher zufällige Kreuzung aus der kleinen amerikanischen Scharlacherdbeere und der großen Chile-Erdbeere entstand etwa um 1750 in Frankreich die erste Gartenerdbeere. Inzwischen hat unermüdlicher Züchterfleiß über 1000 Sorten hervorgebracht. Aus dieser Vielfalt wählt der Verbraucher aber leider immer noch allzu oft die größten und schönsten Beeren und ist nur schwer davon zu überzeugen, daß gerade kleine Erdbeeren meist aromatischer sind. Das kräftigste Aroma haben nach wie vor die kleinen, wildwachsenden Walderdbeeren. Verwendung: Erdbeeren werden überwiegend frisch für Obstsalate, Kuchen, Desserts verwendet oder gekocht als Konfitüre, Marmelade und Kompott.

Johannisbeere

In unseren Gärten werden drei Sorten angebaut, von denen die **rote Johannisbeere** wohl die am meisten verwendete ist. Sie ist reich an Vitaminen und Mineralstoffen und wird als Kuchenbelag ebenso gerne verwendet, wie sie zu Saft, Süßmost, Fruchtwein, feinen Gelees und Marmelade verarbeitet wird.
Die **schwarze Johannisbeere** wird seit Jahrhunderten als Heilpflanze sehr geschätzt. Roh schmecken die Früchte nicht besonders gut, ergeben aber köstliche Gelees und Marmeladen und werden als Saft, Süßmost und Likör außerordentlich geschätzt.
Die **weiße Johannisbeere** wird kommerziell kaum angebaut. Der Gartenbesitzer jedoch schätzt die hellen Beeren wegen ihres angenehm süß-säuerlichen Aromas, das auch in der rohen Frucht voll zur Geltung kommt. Ansonsten werden aus weißen Johannisbeeren ebenfalls Gelees, Marmeladen und Süßmost bereitet.

Stachelbeere

Ihre Urheimat liegt im Himalaja, heute jedoch ist die Stachelbeere in fast allen gemäßigten Zonen zu Hause. Die gelben, grünen oder roten Stachelbeeren haben nach den Weinbeeren den höchsten Zuckergehalt aller einheimischen Beeren, dennoch ist es gerade ihre dezente Säure, aufgrund derer man sie so vorzüglich kombinieren kann. Verwendung: Vor allem als Marmelade, Gelee, Kompott und Obstwein.

Kirsche

Die Deutschen haben den höchsten Pro-Kopf-Verbrauch an Kirschen – seien diese nun süß oder sauer. Immer wieder wird der römische Feldherr Lucullus mit der Frucht in Verbindung gebracht, der sie aus ihrer kaukasischen Heimat nach Europa gebracht haben soll. Das ist nur bedingt richtig, denn zu jener Zeit gab es bereits Wildkirschen rund um das Mittelmeer, Lucull hingegen lernte am Schwarzen Meer bereits veredelte Kulturformen der Süßkirsche kennen. Schon um 300 n. Chr. hatte sich die süße Frucht auch Mitteleuropa und Britannien erobert, wo sie weiter veredelt wurde. Man unterscheidet die zwei Grundsorten Süßkirschen und Sauerkirschen. **Süßkirschen** gibt es in den verschiedensten Färbungen, von einem bis fast ins Schwarze gehenden Dunkelrot über Rotgesprenkelt bis hin zum fast reinen Gelb. Süßkirschen werden in zwei Untergruppen geteilt, in die weichfleischigen, für den Transport nur bedingt geeigneten Herzkirschen und in die später reifenden, herzhaft-festfleischigen Knorpelkirschen. Verwendung: Vorwiegend als Tafelobst, nur selten für Konfitüren (am besten mit Sauerkirschen kombiniert) und für Liköre. Bei den **Sauerkirschen** (auch Weichseln genannt) unterscheidet man Baumweichseln, zu denen auch die tiefdunklen Morellen gehören, und Strauchweichseln. Bekannteste Strauchweichseln sind die Amarellen mit hellem, wäßrigem Saft und die dalmatinische „Maraschka", aus denen der Maraschino-Likör hergestellt wird. Verwendung: Überwiegend industriell oder zu Gelee, Saft und als Kuchenbelag.

Heidelbeere

Je nach Landschaft wird sie auch Blaubeere, Bickbeere oder Schwarzbeere genannt. Sie bedeckt weite Waldflächen in Mittel- und Nordeuropa, in Asien und Amerika. Leider hat man in den einheimischen Pflückgebieten trotz strenger Auflagen einen unverantwortlichen Raubbau getrieben, so daß die Erträge stark zurückgingen und die angebotenen Beeren zu extrem hohen Preisen auf den Markt kommen. Als Alternative wurden Kultur-Heidelbeeren gezüchtet, die zwar wesentlich größer sind, aber weder das intensive Aroma noch den hohen Vitamin- und Mineralstoffgehalt der Wildbeere erreichen. Verwendung: Frisch mit Zucker, Milch oder Sahne. Verarbeitung zu Kompott, Obstwein, Likör und Heidelbeergeist (siehe Himbeere).

Pfirsich

Die Steinfrüchte des asiatischen Pfirsichbaumes gedeihen in gemäßigten Klimazonen, vor allem rund ums Mittelmeer, aber auch in sonnigen Gebieten Mitteleuropas. Pfirsiche sind apfelgroß, mit einer samtartigen Haut, und haben ein saftiges, würziges Fruchtfleisch mit vielen Vitaminen und Mineralstoffen. Auch wenn gelbfleischige Pfirsiche optisch besser aussehen, so sind die weißfleischigen Sorten doch sehr viel aromatischer.
Verwendung: Roh als Tafelobst, Obstsalat oder Dessertfrucht. Für Kuchen und Torten. Gekocht als Kompott oder Chutney, Marmelade und Konfitüre.

Nektarine

Angeblich soll der Name ,,Nacktpfirsich" bedeuten, weil die Nektarine im Gegensatz zum Pfirsich eine glatte Haut hat. Nektarinen sind eine Kreuzung aus Pfirsichen und Pflaumen, haben ein sehr aromatisches und saftiges Fruchtfleisch, das sich leicht vom Kern lösen läßt. Hauptsächlich kommen sie aus dem Mittelmeerraum. Wichtig sind kurze Transportzeiten: ,,Überlagerte" Früchte werden mehlig.
Verwendung: Als Tafelobst, für Obstsalate, Dessertspeisen.

Weintraube

Bei Weintrauben muß man zwei große Gruppen unterscheiden: Die Tafeltraube und die, die für die Weingewinnung angebaut wird. Letztere ist im allgemeinen mit kleinen, saft- und kernreichen Beeren ausgestattet, während man von der Tafeltraube erwartet, daß sie groß, möglichst kernarm und dünnhäutig ist. Unser heimischer Anbau bietet kaum Tafel-, dafür um so ertragreichere Keltertrauben. Tafeltrauben kommen aus den Ländern rund ums Mittelmeer, aus Südafrika, Südamerika oder, als Treibhausprodukt, aus Holland und Belgien. Tafeltrauben können je nach Sorte und Herkunft erbsen- bis walnußgroß, hell, d. h. grün bis gelb oder rötlich, oder dunkel, d. h. tiefrot bis fast schwarzblau sein. Besonders beliebt sind die großen, länglichen Datteltrauben und die sehr würzigen Muskattrauben. Verwendung: Tafeltrauben werden in erster Linie frisch oder als Teil eines Obstsalats genossen. Sie eignen sich jedoch auch als Beilagenkompott für viele Fleischarten, schmecken in Alkohol eingelegt vorzüglich und ebenso als Kuchenbelag. Einige Sorten (z. B. Meraner oder Brüsseler Kurtrauben) sind stoffwechselfördernd und werden auch für Reduktionsdiäten empfohlen. Getrocknete Weinbeeren kommen – je nach Sorte und Herkunftsland – als Sultaninen, Rosinen oder Korinthen in den Handel.

◀ Zwetsche

Die Zwetsche, gebietsweise auch Zwetschge oder Zwetschke genannt, macht es selbst dem Fachmann schwer, sie von einer blauen Pflaume zu unterscheiden. Sie hat zwar in der Regel eine länglichere, nach unten spitz zulaufende Form und weist im Gegensatz zur „echten" Pflaume keine Fruchtnarbe auf. Aber gerade die bei uns wohl berühmteste, die „Bühler Frühzwetsche" und einige ihrer durch Kreuzungen entstandenen nächsten Verwandten haben eine Fruchtnaht und auch eine eher runde Spitze. Allerdings ist die Farbe der Haut mehr „beschlagen" blau als violett, das gelbe Fruchtfleisch ist sehr saftig und aromatisch. Für die Hausfrau, die aus Zwetschen Kompott oder Marmelade bereiten will, ist es sehr wichtig, ob sie Pflaumen oder Zwetschen gekauft hat: Der Stein der Zwetsche löst sich viel leichter vom Fruchtfleisch als der einer Pflaume. Zum Einkochen – egal in welcher Form – sollte man immer Spätzwetschen nehmen, auch wenn sie nicht mehr so schön aussehen wie die frühen Früchte. Sie haben jedoch viel mehr Fruchtzucker und weniger Säure.
Verwendung: Als Tafelobst, für Kuchen, Kompott, Marmelade, Mus und Saft.

Brombeere

Brombeeren gehören ebenso wie Himbeeren in die Familie der Rosengewächse, was nicht nur ihre Blütenform, sondern auch die Dornen ihrer Ranken beweisen. Und wie die Himbeere und Erdbeere ist die eigentliche Beere „nur" eine Scheinfrucht aus vielen kleinen Steinfrüchten, die von schwarzrotem bis schwarzem, sehr aromatischem Fruchtfleisch umgeben sind, was besonders für die wild wachsenden Brombeeren gilt, die selbst noch in mittleren Lagen der Alpen gedeihen.
Verwendung: Frisch für Dessertspeisen oder Kuchenbelag. Gekocht als Marmelade, Gelee und Kompott. Wildwachsende Brombeeren ergeben einen besonders aromatischen Likör.

Mirabelle

Die Mirabelle gehört in die Familie der Edelpflaumen, jedoch ist sie wesentlich kleiner als andere Pflaumensorten. Sie ist kugelig rund, gelb, oft mit kleinen roten Bäckchen oder Punkten versehen, das Fruchtfleisch ist fest, süß und so aromatisch wie bei kaum einer anderen artverwandten Frucht.
Verwendung: Mirabellen werden als Tafelobst nur in geringen Mengen verzehrt, sie sind jedoch als Kompott, Tortenbelag und als Grundlage für Mirabellengeist sehr geschätzt.

Rhabarber

Botanisch gesehen gehört Rhabarber nicht in ein Obstbuch, denn er ist ein Gemüse! Und zwar ein Stielgemüse, denn seine Blätter sind nicht genießbar. Rhabarber enthält große Mengen an Fruchtzucker, Pektin, Gerbsäure und Mineralien, er wirkt blutreinigend und regt die Darmtätigkeit an. Darum wurde er auch in seiner Urheimat China und später bei uns zuerst nur als Heilpflanze betrachtet. Verwendung: Vor allem als Kompott, Kuchenbelag und Konfitüre (vor allem mit Erdbeeren kombiniert). Sehr delikat ist das würzige Rhabarber-Chutney.

Exotische Früchte aus aller Welt

Dattel

Bereits vor 5000 Jahren wurde die Dattel in Mesopotamien kultiviert. Heute wächst sie in fast allen tropischen Gebieten, seit 200 Jahren auch in Kalifornien. Die Dattel ist reich an Mineralstoffen, Eiweiß, Zucker und Vitamin A und B. Verwendung: Frisch oder getrocknet u. a. zu Kompott, Obstsalaten, Süßspeisen, Konfekt und Kuchen.

Guayave

Die Guayave oder Guave gehört zu den Myrtegewächsen und stammt aus dem tropischen Amerika. Die Frucht schmeckt wie eine Mischung aus Birne, Quitte und Feige mit einem mild, zart-säuerlichen Aroma und hat einen von kaum einer anderen Frucht erreichten Vitamin-C-Gehalt. Verwendung: Vor allem zu Obstsalaten, Marmelade, Gelee, Saft, Cremes, Kompott und Eisdesserts.

Mangostane

Sie gehört zu den köstlichsten, abe auch zu den kostbarsten Früchten, die aus dem tropischen Asien nach Europa exportiert werden. Das unter der dicken, harten Schale liegende Fruchtfleisch ist von unvergleichlichem Geschmack, so daß d Mangostane selbst in den Anbauländern fast ausschließlich als Frisc frucht serviert wird, um das feine Aroma nicht zu verfälschen. Verwendung: Roh mit Sahne und als Ergänzung zu Cremes und Eisspeisen.

Ingwer

Ingwer gehört nur bedingt zu den exotischen Früchten, da nur die Wurzelknolle frisch, geschält oder ungeschält getrocknet und stückweise oder pulverisiert in den Handel kommt. Ingwer duftet mild-würzig und schmeckt eigentümlich scharf und brennend. Verwendung: Würze für süße, wie für pikante Speisen. Kandierter Ingwer für Gebäck, Süßspeisen und als Konfekt.

Limette

Eine nahe Verwandte der Zitrone, oft auch Limone oder Lumie genannt, mit leuchtend grüner, dünner, aromatischer Schale und einer milden Säure. Reich an Vitamin C. Verwendung: Überall dort, wo auch Zitronen verwendet werden, deren starke Säure aber als störend empfunden wird.

Sapote

Sapoten oder Sapodillen sind eine alte indianische Frucht aus Mittelamerika, die heute in allen tropischen Ländern angebaut wird. Sapoten haben ein lachsfarbenes Fruchtfleisch und sind von süßsäuerlichem Geschmack. Verwendung: Vor allem für Sorbets, Obstsalate und Eisspeisen.

Kaki

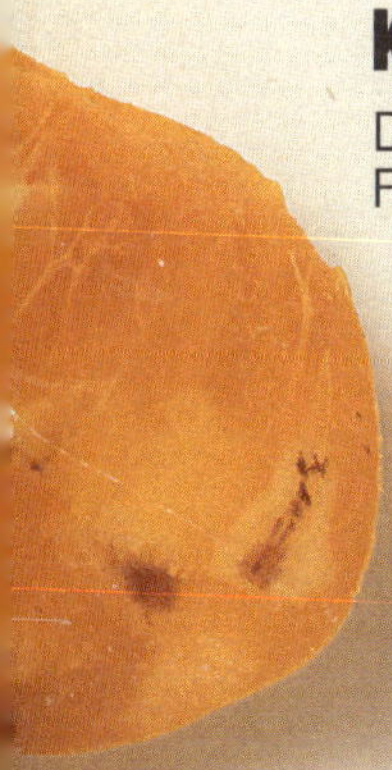

Diese als Götterpflaume gepriesene Frucht stammt aus Japan, wird aber heute vielfach auch im Mittelmeerraum angebaut. Die Frucht schmeckt süß, das Aroma ist aprikosenähnlich. Wir bekommen eine weiche Sorte aus Italien, die erst dann gut schmeckt, wenn das Fruchtfleisch in der dünnen, glatten Schale musig wie Marmelade ist. Israel liefert dagegen mit der Sharon-Kaki eine Frucht, die festfleischig bleibt und dennoch ihr volles Aroma entfaltet. Verwendung: Obstsalate, Desserts, Marmelade, Kompott, Saft.

Karambole

Die Karambole oder Baumstachelbeere aus der Familie der Sauerkleegewächse hat mit ihren 5 bis 6 Längsrippen eine besonders aparte Form. Die Beere ist reif, wenn das durchscheinende Fruchtfleisch hellbernsteinfarben geworden ist. Der Geschmack ist dann aber immer noch sehr säuerlich, darum ist das Fruchtfleisch besonders durstlöschend. Verwendung: Als Garnierung für Obstsalate, Süßspeisen, Longdrinks und Kuchen oder zu Marmeladen und Säften.

Baumtomate

Baumtomaten, auch Tamarillos genannt, gehören zu den Nachtschattengewächsen. Für den Export werden sie vor allem in Afrika, Indonesien, Neuseeland, Australien und Südamerika angebaut. Sie haben ein saftiges, herb-süß schmeckendes Fruchtfleisch. Verwendung: Frisch für Eisdesserts und Obstsalate oder als Marmelade.

Rambutan

Unter einer an winzige Igel erinnernden, stacheligen und harten Schale verbirgt sich ein großer, glatter Kern, der von köstlichem, saftigem Fruchtfleisch umhüllt ist, dessen Aroma erfrischend süß-säuerlich ist. Leider verdirbt die Rambutan, die in feuchtheißem Tropenklima gedeiht, schnell und kommt darum bei uns selten frisch in den Handel. Als Konserve allerdings ist sie ebenso wie ihre Schwestern **Lychee** (Litschi) und **Longane** bei uns längst keine Seltenheit mehr. Verwendung: Frische Früchte gut vorgekühlt nur so genießen. Konservierte Früchte für Obstsalate, gemischt mit anderen Exoten, mit etwas Sahne oder mit Himbeergeist beträufelt.

Kaktusfeige

Diese stacheligen Früchte wurden von spanischen Seefahrern aus Mexiko ins Mittelmeergebiet gebracht. Sie werden im August grün geerntet und müssen dann nachreifen, bis sie gelblich bis rötlich-braun sind. Das Fruchtfleisch ist erfrischend, aber süß und erinnert ein wenig an saftige Birnen. Verwendung: Frisch zu Obstsalaten und Cremes.

Feige

Sie entstammt der Familie der Maulbeergewächse und gedeiht rund ums Mittelmeer. Die Früchte können grün, gelb bis dunkelviolett sein. Eine besonders wohlschmeckende Sorte ist die dunkle Smyrnafeige aus der Türkei. Verwendung: Zu Obstsalaten, Eiskrem, Kompott, Cremes und Pudding.

Passionsfrucht

Rund 300 Arten umfaßt die Familie der südamerikanischen Passionsblumengewächse. Nur wenige aber haben eßbare Früchte. Bei uns werden folgende drei am häufigsten angeboten: Die Purpurgranadilla mit ihrer etwas schrumpligen Haut (siehe Abbildung), die aber das beste Aroma hat, eine Nachzüchtung der Purpurgranadilla mit glatter gelber und dickerer Schale und die „Gelbe Passionsfrucht“, die zum großen Teil auch in Asien und Afrika angebaut wird. Die Früchte schmecken süß-säuerlich und haben ein unvergleichliches, an viele tropische Früchte erinnerndes Aroma. Verwendung: Die Früchte roh auslöffeln oder zum Verfeinern von Eis, Cremes und anderen Desserts.

Arbutos

Sie sind die süßen Früchte des in China beheimateten Erdbeerbaumes. Bei uns werden sie nur selten frisch angeboten, weil sie bei zu langer Transportzeit leicht mehlig werden. Sehr saftig hingegen sind Arbutos aus der Dose. Verwendung: Ausschließlich als Dessert. Besonders gut kann man sie mit Rambutanen und Lychees (siehe oben) kombinieren.

Cranberry

Die Cranberry ist eine große Moosbeere, die amerikanische Verwandte unserer Preisel-, Krons- und Heidelbeere. Sie hat einen säuerlich-herben Geschmack, ist jedoch etwas milder als unsere heimische Preiselbeere. Verwendung: Cranberries kann man roh essen, jedoch entfalten sie ihr Aroma weitaus besser, wenn man sie mit Zucker kocht.

Kapstachelbeere

Die Kapstachelbeere, von einer bastartigen Blatthülle schützend umgeben, gehört zur Familie der Nachtschattengewächse. Sie wächst zum Teil noch wild, wird heute aber vor allem in Südafrika, Vorderindien und Australien für den Export angebaut. Die Beeren, von kleinen, weichen Kernen durchsetzt, haben eine sattgelbe Farbe, ihr Geschmack ist fruchtig, das Aroma süßsäuerlich. Verwendung: Beeren im Ganzen zu Kompott, Cremes, Eisspeisen und als Kuchenbelag verwenden.

Kumquat

Die kleinen runden Zitrusfrüchte, auch Zwergorangen genannt, mit orangefarbener, dünner Schale, stammen aus Ostasien, werden heute jedoch für den Export vor allem in Südafrika angebaut. Sie kommen roh oder in Zucker eingelegt zu uns. Die rohen Früchte werden mit Schale gegessen, sie haben einen würzig-süßen Geschmack. Verwendung: Eingelegte und frische Früchte für Obstsalate, Kuchen, Süßspeisen, Konfitüren und überall dort, wo auch Qrangen verwendet werden.

Kiwi

Außer den Ananas ist wohl keine Tropenfrucht bei uns so bekannt wie die Kiwi. Sie stammt aus China und wird deshalb auch hin und wieder „chinesische Stachelbeere" genannt. Die Früchte enthalten extrem viel Vitamin C, aber auch die Vitamine A und D, reichlich Kalium und Eisen, was sie besonders wertvoll macht. Kiwis werden noch hart gepflückt und sind erst richtig reif, wenn sie auf Fingerdruck ein wenig nachgeben. Der Geschmack ist leicht säuerlich. Verwendung: Roh gelöffelt oder geschält und in Scheiben geschnitten vorwiegend zu Obstsalat, Cremes, Eisspeisen, Pudding, oder gekocht als Kompott, Konfitüre und Fruchtsoße.

Pomelo

Pomelo ist eine andere Bezeichnung für die aus Malaya stammende Pampelmuse. Diese neue Züchtung aus Israel hat zwar eine dicke Schale und harte Fruchthäute, dafür aber ein sehr wohlschmeckendes, bitter-saures, saftiges und sehr vitaminreiches Fruchtfleisch. Verwendung: Fruchtstücke schälen und so essen oder Fruchtsalaten beifügen.

Grapefruit

Die Grapefruit ist eine Kreuzung zwischen Apfelsine und Pampelmuse. Ihr gelbes bis rotes, leicht säuerlich-bitteres Fruchtfleisch ist reich an Vitaminen, Spurenelementen und Mineralstoffen. Verwendung: Roh auslöffeln, ausgepreßter Saft zum Trinken, halbiert und mit Honig überbacken als Dessert, Fruchtstücke an Salate oder als Garnierung von hellem Fleisch.

Zuckerrohr

Man kann es seit einiger Zeit auch bei uns sozusagen frisch erstehen, jedoch hat es keinerlei Bedeutung in der Küche. Verwendung: Kindern macht es Spaß, den süßen, klebrigen Saft aus dem aufgespaltenen Rohr zu lutschen.

Ananas

Aus vielen tropischen und subtropischen Ländern kommt die Ananas zu uns – zwar von unterschiedlicher Qualität, aber das ganze Jahr über frisch erhältlich. Ihre volle Reife hat sie erreicht, wenn die Schale auf Fingerdruck leicht nachgibt und die kleinen Blättchen mühelos herausgezupft werden können. Wichtig: Ananas niemals im Kühlschrank aufbewahren! Verwendung: Als frische Dessertfrucht z. B. mit Sahne, als Tortenbelag, für Salate aller Art, gebraten zu hellem Fleisch, für Fruchtsoßen.

Papaya

Die zur Melonenfamilie gehörende Papaya stammt aus Mexiko, wird heute aber auch in Indien und Südafrika angebaut. Sie hat in vollreifem Zustand eine gelbliche Schale und ein orangefarbenes, etwas süßfades, nach reifen Aprikosen duftendes, saftiges Fruchtfleisch. Die schwarzen Kerne im Inneren sind ungenießbar. Verwendung: Roh als Dessert mit Cognac oder Portwein beträufelt, zu Obstsalat, Eis- und Cremespeisen.

ranatapfel

ie gelben bis roten Früchte werden or allem im Mittelmeerraum kulti- iert. Sie enthalten ein saftreiches, ast geleeartiges Fruchtfleisch mit ıerbsüßem, an Wein erinnernden Geschmack, das von vielen Samen- kernen durchsetzt ist. Verwendung: Die Körnchen roh auslöffeln oder für Süßspeisen, Obstsalate, Eis- speisen verarbeiten. Achtung: Flecken von Granatapfel lassen sich nicht mehr entfernen!

Banane

Obstbananen gehören, schön goldgelb und möglichst groß, zu unserem Alltagsbild. Ursprünglich aus dem Himalaja stammend, werden sie inzwischen in allen tropischen Gebieten angebaut. Was sich hier auf dem Bild noch fast grün, nur mit einem leichten rötlichen Streifen auf jeder Frucht präsentiert, sind rote **Zuckerbananen** aus Sri Lanka mit einem sehr fruchtigen, fast saftigen Innenleben. Darunter liegen **Goldbananen,** die zwar klein, aber wesentlich süßer als gewöhnliche Obstbananen sind. Verwendung: Ideale Ergänzung zu säuerlichen Früchten, für Obstsalate, Creme- und Eisspeisen, Kuchen, Desserts aller Art, gebacken und flambiert. Gebratene Bananen schmecken zu kurzgebratenem hellen Fleisch, gebratenem Fisch und zu Currygerichten.

Mango

Die Früchte sind gelb bis grün oder rötlich, rund oder oval und haben eine dünne, ledrige Schale, unter der sich das gelb-orangefarbene, saftig-süße Fruchtfleisch befindet, das reich an Vitamin A und C ist. Ob eine Mango reif ist, kann man nur daran erkennen, daß sie auf Fingerdruck leicht nachgibt und süß duftet. Verwendung: Roh mit Sahne, Eiskrem, zu Cremes, Flammeris, als Kuchenbelag, oder gekocht als Kompott und Püree. Hinweis: Nach dem Genuß von Mangos ca. 2 Stunden weder Milch noch Alkohol trinken, es können Magenbeschwerden auftreten.

herimoya

ie Cherimoya zählt zu den aromatischsten rüchten der Welt. Sie hat ein weißes, ıanchmal bläulich schimmerndes ruchtfleisch, das reich an raubenzucker und Vitamin C t. Der Geschmack ent- pricht einer Mischung aus imbeeren, Erdbeeren nd Birnen mit einem auch von Zimt. Verwen- ung: Am besten roh, ut gekühlt, nur mit etwas ahne servieren.

Rezeptregister

A

Äpfel 131
Alexandra-Salat 37
Amaretto-Feigen* 95
Amerikanische Schichtspeise 78
Ananas 140
Ananas-Krabben-Cocktail 30
Ananas-Leber-Salat 35
Ananaspudding 78
Apfel-Ananas-Suppe, kalte 12
Apfel-Kaltschale 23
Apfel-Kartoffel-Auflauf 84
Apfel-Kirsch-Kuchen 117
Apfel-Pie 72
Apfel-Rapunzel-Salat 28
Apfel-Streuselkuchen 128
Apfelstrudel 124
Aprikosen 131
Aprikosen-Brombeer-Tarte 121
Aprikosen-Frappé 103
Aprikosen-Orangen-Kaltschale 17
Aprikosenschaum 109
Aprikosen-Streuselkuchen 128
Aprikosentorte mit Zuckergitter 116
Arbutos 138
Ausgebackene Birnenknödel 83

B

Bananen-Fleisch-Ragout 58
Beerensalat „Sabayon“* 90
Birnen 130
Birnen-Käse-Salat 27
Birnen-Kartoffel-Topf 86
Birnenknödel, ausgebackene 83
Birnenkuchen, pikanter 86
Birnen-Lauch-Salat* 31
Birnen-Pie 73
Birnen-Reh-Salat
mit Holundercreme* 30
Birnensalat, pikanter 26
Birnen-Tarte 121
Birnentorte, ungebackene 120
Blätterteig-Obst-Körbchen 118
Blaubeeren-Pie 73
Blaubeer-Streuselkuchen 128
Blutwurst-Apfel-Pfanne 48
Bohnen mit Birnen 85
Bratäpfel mit Nußfüllung 96
Brombeeren 135
Brombeer-Frappé 103
Brotpudding mit Kirschen 76
Bunter Sommersalat 98
Buttermilch-Früchte-Kaltschale 18

C

Cherimoya 141
Cherimoya-Salat 92
Cidre-Kaltschale 13
Cranberries 139
Crêpes mit Passionsfruchtcreme 81

D

Dattelklößchen mit Fruchtsoße 110

E

Eierpfannkuchen
mit Quark-Beeren-Füllung 82
Eisberg-Trauben-Salat 38
Ente mit Trauben 44
Erdbeer-Eisbecher 108
Erdbeeren 132
Erdbeer-Käse-Torte 129
Erdbeer-Kiwi-Orangen-Salat 91
Erdbeer-Sorbet 90
Erdbeerspeise 106

F

Feigen 138
Feine Traubentorte 124
Filetsteaks mit Aprikosensoße 47
Filetsteaks mit Kirschsoße 45
Fischpfanne indonesische Art 65
Französischer Kirschauflauf* 70
Fruchtsalat „Alice“ 31
Fruchtsalat „Haifa“ 100
Fruchtsalat mit Käsecreme 92
Fruchtsalat mit Pfeffer 38
Fruchtspieße, pikante 75
Früchte-Sorbet* 90

G

Geflügel-Frucht-Salat 41
Gefüllte Melonen 94
Gefülltes Rinderfilet 61
Gemischtes Kirschkompott 96
Gemischtes Pflaumenkompott 96
Gourmet-Salat 29
Granatapfel 140
Granatapfel-Parfait 98
Granatapfelsalat* 36
Grapefruit 140
Grenadine-Kaltschale* 13
Grütze, rote 113
Guaven-Apfel-Pie 73

H

Hacksteaks „Hawaii“ 48
Hähnchen auf persische Art 54
Hähnchenbrust mit Himbeersoße 57
Hähnchenbrust „Vierlanden“* 55
Hähnchenkeulen mit Exoten 56
Hähnchensalat mit Lychees* 33
Hefepudding mit Cranberry-Soße 76
Heidelbeeren 133
Heidelbeer-Käse-Torte 129
Heidelbeer-Kaltschale 18
Heidelbeertorte 125
Heilbutt in Orangensoße 63
Himbeeren 132
Himbeer-Kaltschale* 18
Himmelreich, schlesisches 65
Himmel und Erde 85
Himmel und Erde mit Blutwurst 85
Hippentorte mit Ananassahne 127
Hirschragout mit Mirabellen* 44
Honigäpfel mit Rosinenreis 75
Hummerkrabbenspieße mit Lychees 64

J

Johannisbeeren 132
Johannisbeer-Kaltschale 22
Johannisbeer-Quark-Auflauf 71
Johannisbeer-Reis-Pudding 79
Johannisbeer-Sorbet 90

K

Kabeljau in Orangensoße 66
Kaki-Kiwi-Salat 96
Kaktusfeige 138
Kalbsbraten mit Fruchtspießchen 57
Kalbsbraten „Winzerin“ 52
Kalbsrücken mit Fruchtpüree 50
Kalbsschulter in Orangensaft 52
Kalbszunge mit Traubensoße 60
Kalte Apfel-Ananas-Suppe 12
Kapstachelbeeren 139
Karambole auf Chaudeau 91
Kartoffel-Apfel-Salat 37
Kirschauflauf 84
Kirschauflauf, französischer* 70
Kirsch-Crumble 110
Kirschen 133
Kirschen-Johannisbeer-Kaltschale
mit Geist* 16
Kirsch-Frappé* 103
Kirschkompott, gemischtes 96
Kirschkompott, süßsaures 100
Kirschenmichel 72
Kirschen-Tarte 121
Kirsch-Pie 73
Kirsch-Streuselkuchen 128
Kirschstrudel 124
Kirschsuppe mit Baisers 10
Kiwi 139
Kiwi-Grütze 113
Kiwi-Kaltschale 14
Kiwi-Sorbet 90
Kuchenauflauf mit Birnen 71
Kuchenauflauf mit Zwetschen 71
Kumquat 139
Kumquat-Kaiserschmarrn 81

L

Lammfrikadellen, überbackene 53
Lammragout mit Mirabellen* 44
Lammrücken mit Fruchtpüree 50
Lammschulter in Orangensaft 52
Limetten-Forellen 66
Limetten-Orangen-Creme 109
Linsen mit Backpflaumen und Äpfeln 87

M

Mandarinengelee 99
Mandarinen-Sorbet 90
Mandelbaisers auf Fruchtgrütze* 112
Mango 141
Mangosalat 26
Melone, gefüllte 94
Melonen 135
Melonen-Charlotte 111
Melonen-Cocktail 39
Melonen-Käse-Cocktail mit Schinken* 40
Melonen-Kaltschale 17
Melonensalat mit Baumtomaten 41
Merlanfilets in Stachelbeersoße 64
Mirabellen 135
Mirabellen-Tarte 120

N

Nektarinen 134
Nektarinen-Brombeer-Salat 101
Nektarinen-Geflügel-Salat 27
Nektarinen-Krabben-Salat 34
Nektarinen-Tarte 121

O

Obst-Kaltschale „Weiße Dame" 11
Obstsalat „Ost-West"* 93
Obstsalat, überbackener 101
Obst-Tartes (Grundteig) 120
Ochsenbrust mit Reineclaudenkompott 60
Orangenäpfel* 95
Orangencreme 106
Orangen-Kaltschale* 23
Orangenkuchen „California" 128

P

Palatschinken mit Kapstachelbeeren 80
Papaya 140
Papaya-Creme 106
Papayasalat* 33
Paprika-Orangen-Kiwi-Salat 34
Passionsfrucht 138
Passionsfrucht-Kaltschale 15
Passionsfrucht-Parfait* 98
Pfirsich-Aprikosen-Kaltschale 12
Pfirsiche 134
Pfirsiche Herzogsart 98
Pfirsich-Krabben-Salat 34
Pfirsich-Leber-Salat 35
Pfirsichpfannkuchen 70
Pfirsich-Tarte 121
Pflaumen 130
Pflaumen-Frappé 103
Pflaumen-Käse-Torte 123
Pflaumen-Kaltschale 22
Pflaumenkompott, gemischtes 96
Pflaumenkompott mit Walnußeis 105
Pflaumenkuchen mit Marzipan 119
Pflaumen-Streuselkuchen 128
Pikante Fruchtspieße 75
Pikanter Birnenkuchen 86
Pikanter Birnensalat 26
Pomelo 140
Preiselbeerpfannkuchen 82
Puddingauflauf mit Kakipüree* 74
Putenbrust „Winzerin" 52
Putenkeule in Orangensaft 52
Putenragout 58
Putenschnitzel in Zitronensoße 62
Putenschnitzel mit Himbeersoße 57

Q

Quitten 131
Quitten in Ingwersoße* 94
Quitten-Soufflé 103

R

Rambutan 138
Rehmedaillons mit Nektarinenkompott 53
Rehragout mit Mirabellen* 44
Reineclauden-Tarte 121
Rhabarber 135
Rhabarberauflauf 84
Rhabarberkompott mit Erdbeer-Vanille-Eiskrem 104
Rinderfilet, gefülltes 67
Rindergulasch mit Rhabarber 59
Rote-Bete-Sorbet 90
Rote Grütze* 113
Rote Stachelbeersuppe 10
Rotwein-Apfel-Kaltschale 15
Rotwein-Kirsch-Kaltschale 15
Rotwein-Trauben-Kaltschale 15
Rotzungen mit flambierten Bananen 62

S

Sächsische Speckpflaumen 87
Salatherzen Pyrmonterart* 28
Scheiterhaufen 72
Schichtspeise, amerikanische 78
Schinken mit Kirschsoße* 49
Schlesisches Himmelreich 59
Schokoladeneis mit Himbeerpüree, weißes 105
Schokoladentorte mit Kakis 123
Schwäbische Träublestorte 119
Schweinefilet mit Äpfeln 46
Schweinefilet mit Erdbeer-Pfeffer-Soße 46
Schweinefilet mit Erdbeersoße 57
Schweinefilet mit Fruchtpüree 50
Seezungenfilets auf normannische Art 67
Seezungenfilets in Stachelbeersoße 64
Sekt mit Karambole 91
Sommersalat, bunter 98
Speckpflaumen, sächsische 87
Stachelbeeren 133
Stachelbeerkuchen 126
Stachelbeersuppe, rote 10
Streuselkuchen mit Pfirsichen 126
Süßsaures Kirschkompott 100
Süßsaures Zwetschenkompott 100

T

Täubchen mit Orangen 56
Tomaten-Apfel-Kaltschale 16
Träublestorte, schwäbische 119
Traubentorte, feine 124

U

Überbackene Lammfrikadellen 49
Überbackener Obstsalat 101
Ungebackene Birnentorte 120

V

Vanilleeis mit Birnen-Preiselbeer-Kompott* 102
Vanille-Parfait 102

W

Weincreme mit Cranberries* 104
Weintrauben 134
Weintrauben-Kaltschale 14
Weißes Schokoladeneis mit Himbeerpüree* 105
Windbeutel mit Beerensahne 116

Z

Zanderfilet in Stachelbeersoße 64
Zitronen-Sorbet 90
Zitronensuppe mit Schneeklößchen 11
Zuckerbananen 141
Zuckerrohr 140
Zwetschen 134
Zwetschenauflauf 84
Zwetschen-Cocktail 108
Zwetschenkompott, süßsaures 100
Zwetschensalat mit Käse 39
Zwetschenstrudel 124
Zwetschen-Tarte 121

*** Rezepte mit Variationen**

Bildquellen: Bundesverband der Eiskrem-Industrie: Seite 102; Carmel: Seiten 97, 100, 111, 122; CMA: Seiten 59, 87, 108 (unten); Deutsches Markengeflügel: Seite 61; Elfenbein-Ananas: Seiten 30, 47, 127; Gesellschaft für Europäische Kommunikation: Seite 95; Dr. J. Litten: Seite 4/5; Meine Familie & ich: Seiten 63, 88/89, 112, 114/115, 118; Neuseelandkiwis: Seiten 14, 29, 34, 53, 113; Neuseelandlamm: Seiten 55, 56, 58; Rice Council of America: Seiten 75, 78.

Lizenzausgabe 1988 für
Manfred Pawlak Verlagsgesellschaft mbH, Herrsching

Projektleitung: Helga Burg;
Rezepte und Redaktion: Veronika Müller;
burda Kochstudio: Ernst Bisner;
burda Fotostudio: Gerd Feierabend;
Illustration: Gerlind Bruhn;
Grafische Gestaltung: Norbert Schäfer.
Umschlaggestaltung: Bine Cordes, Weyarn.
Printed in Italy
by Arti Grafiche VINCENZO BONA s.p.a.
ISBN: 3-88199-462-9

KALOR

Erklärung der Abkürzungen

kJ	= Kilojoule
kcal	= Kilokalorien
i. D.	= im Durchschnitt
i. Ds.	= in Dosen (der angegebene kJ- bzw. kcal-Wert bezieht sich immer auf den Gesamtdoseninhalt)
TK	= Tiefkühlwaren
1 Eßl.	= 1 Eßlöffel
1 Teel.	= 1 Teelöffel

Fette und Öle

(jeweils 100 g, wenn nicht anders angegeben)

	kJ	kcal
Butter (Süß- oder Sauerrahm)	3248	**776**
Butterschmalz	3855	**921**
Gänseschmalz	3893	**930**
Halbfettmargarine	1607	**384**
Kokosfett	3872	**925**
Margarine	3185	**761**
Mayonnaise, 80 % Fett	3198	**764**
Olivenöl, 1 Eßl. = 12 g	452	**108**
Remoulade	2050	**490**
Salatmayonnaise, 50 % Fett	2100	**502**
Schweineschmalz	3964	**947**
Sonnenblumenöl, 1 Eßl. = 12 g	452	**108**

Beilagen

(jeweils 100 g verzehrfertiges Produkt, wenn nicht anders angegeben)

	kJ	kcal
Kartoffelklöße	444	**106**
Kartoffelpüree	226	**54**
Nudeln, 100 g Rohware	1633	**390**
Pommes frites	1054	**252**
Reis, poliert, 100 g Rohware	1540	**368**
Semmelknödel	603	**144**

Soßen, Brühen und Würzen

(jeweils ¼ l)

Instantsoßen:

	kJ	kcal
Bratensaft	573	**137**
Bratensoße	557	**133**
Helle Soße	557	**133**
Soßen, i. D.	544	**130**
Tomatensoße	544	**130**

Fleischbrühen:

	kJ	kcal
Brühe, fett (Würfel)	92	**22**
Brühe, klar (Würfel)	50	**12**
Brühe, klar (Instant)	63	**15**

Würzen:
(jeweils 1 Eßl. = 20 g, wenn nicht anders angegeben)

	kJ	kcal
Barbecue-Sauce	105	**25**
Mango-Sauce	134	**32**
Meerrettich-Sauce	322	**77**
Meerrettich, gerieben, im Glas, 1 Teel. = 10 g	42	**10**
Relish, i. D.	96	**23**
Schaschlik-Sauce	84	**20**
Senf, scharf, 1 Teel. = 10 g	50	**12**
Senf, süß, 1 Teel. = 10 g	42	**10**
Sojasauce, 1 Eßl. = 15 g	84	**20**
Tomatenketchup	88	**21**
Tomatenmark, 1 Döschen = 70 g	146	**35**
Zigeuner-Sauce	75	**18**

Eier

	kJ	kcal
1 Hühnerei, Klasse 3 = 60 g	364	**87**
1 Eidotter, mittelgroß = ca. 18 g	289	**69**
1 Eiklar, mittelgroß = ca. 33 g	75	**18**

Milch und Milchprodukte

Milch:

	kJ	kcal
Buttermilch, ¼ l	377	**90**
Dickmilch, 100 g	264	**63**
Milch, 3,5 % Fett, ¼ l	669	**160**
Milch, 1,5 % Fett, ¼ l	194	**118**
Trinksauermilch, entrahmt, ¼ l	398	**95**

Milchprodukte:

	kJ	kcal
Crème fraîche, 30 % Fett, 1 Eßl. = 15 g	218	**52**
Fruchtquark, i. D., 100 g	615	**147**
Hüttenkäse, i. D., 100 g	452	**108**
Joghurt, 1,5 % Fett, 1 Becher = 175 g	352	**84**
Joghurt, 3,5 % Fett, 1 Becher = 175 g	498	**119**
Kakaotrunk, ¼ l	615	**147**
Kefir, 100 g	264	**63**
Kondensmilch, 7,5 % Fett, ungezuckert, 1 Teel. = 5 g	29	**7**
Magermilchjoghurt, 1 Becher = 175 g	280	**67**
Sahne, 10 % Fett (Kaffeesahne), 1 Teel. = 5 g	29	**7**
Sahne, 30 % Fett (Schlagsahne), ¼ l	3138	**750**
Saure Sahne, 10 % Fett, 1 Eßl. = 15 g	71	**17**
Speisequark, mager, 100 g	368	**88**
Speisequark, 20 % Fett i. Tr., 100 g	481	**115**
Speisequark, 40 % Fett i. Tr. (Sahnequark), 100 g	695	**166**

Käse

(jeweils 100 g)

	kJ	kcal
Appenzeller, 50 % Fett i. Tr.	1674	**400**
Blauschimmelkäse, 50 % Fett i. Tr.	1653	**395**
Brickkäse, 45 % Fett i. Tr.	1556	**372**
Briekäse, 50 % Fett i. Tr.	1540	**368**
Butterkäse, 50 % i. Tr.	1148	**346**
Camembert, 50 % Fett i. Tr.	1372	**328**
Chesterkäse, 50 % Fett i. Tr.	1665	**398**
Danbo, 45 % Fett i. Tr.	1439	**344**
Doppelrahmfrischkäse, 60 % Fett i. Tr.	1481	**354**
Edamer Käse, 40 % Fett i. Tr.	1423	**340**
Edelpilzkäse, 50 % Fett i. Tr.	1728	**413**
Emmentaler Käse, 45 % Fett i. Tr.	1757	**420**
Esrom, 45 % Fett i. Tr.	1439	**344**
Gorgonzola, 45 % i. Tr.	1674	**400**
Gouda, 45 % Fett i. Tr.	1674	**400**
Greyerzer Käse, 45 % Fett i. Tr.	1724	**412**
Harzer Käse (Korbkäse), unter 10 % Fett i. Tr.	561	**134**
Havartie, 60 % Fett i. Tr.	1732	**414**
Kochkäse, 20 % Fett i. Tr.	565	**135**
Limburger Käse, 40 % Fett i. Tr.	1151	**275**
Münsterkäse, 50 % Fett i. Tr.	1339	**320**
Parmesankäse, 45 % Fett i. Tr.	1628	**389**
Raclettekäse, 50 % Fett i. Tr.	1682	**402**
Schafskäse, 50 % Fett i. Tr.	1548	**370**
Schmelzkäse, 45 % Fett i. Tr.	1230	**294**
Tilsiter, 45 % Fett i. Tr.	1566	**374**
Trappistenkäse, 40 % Fett i. Tr.	1611	**385**
Weinkäse, 45 % Fett i. Tr.	1464	**350**

Brot, Getreideprodukte, Frühstücksflocken

	kJ	kcal
Brötchen, 1 Stück = 45 g	527	**126**
Cornflakes, 100 g	1624	**388**
Grahambrot, 1 Scheibe = 40 g	418	**100**
Graubrot, 1 Scheibe = 45 g	473	**113**
Haferflocken, 100 g	1682	**402**
Kommißbrot, 1 Scheibe = 40 g	406	**97**
Knäckebrot, 1 Scheibe = 10 g	159	**38**
Mais-Speisestärke, 1 Eßl. = 15 g	226	**54**
Müsli-Mischung, 100 g	1553	**371**
Paniermehl, 1 Eßl. = 15 g	222	**53**
Pumpernickel, 1 Scheibe = 40 g	414	**99**
Rosinenbrot, 1 Scheibe = 45 g	523	**125**
Steinmetzbrot, 1 Scheibe = 45 g	452	**108**
Toastbrot, 1 Scheibe = 30 g	326	**78**
Vollkornbrot, 1 Scheibe = 45 g	452	**108**
Weißbrot, 1 Scheibe = 40 g	435	**104**
Weizengrieß, 100 g	1549	**370**
Weizenmehl, 100 g	1540	**368**
Weizenstärke, 1 Eßl. = 15 g	218	**52**